세계 분쟁 지도

한눈에 보는

세계 분쟁 지도

마스다 다카유키 지음─이토 요시아키 감수─이상술 옮김

해나무

해답을 찾지 못한 채 최근 이십 년 가까이 계속해서 품어왔던 질문이 있다.

"정의의 전쟁은 존재하는가?"

이란-이라크 전쟁을 시작으로 팔레스타인 분쟁, 걸프 전쟁, 구(舊) 유고슬라비아 내전 등 1980년대부터 1990년대에 걸쳐 분쟁 지역을 다니면서 든 의문이다. 민족을 위해, 국제 테러 척결을 위해, 또는 자신들이 믿는 신을 위해…… 사람들은 여러 가지 이유를 들어 '성스러운 전쟁' 또는 '정의의 전쟁'에 매진해왔다. 그러나 공격을 당하는 쪽, 특히 전쟁에 말려들어 희생된 사람들에게 전쟁은 단지 부조리한 대량 학살에 지나지 않는 것이 아닐까.

2001년의 9·11 테러와 그에 이은 미국의 아프가니스탄 공격으로 이런 의문은 한층 무게를 더하고 있다. 부시 미 대통령은 테러로부터 일 년이 경과한 2002년 9월에 발표한 '부시 독트린'에서 적에 대한 선제 공격도 불사하겠다는 방침을 내놓았다. 이라크 공격에 앞서 잠재적 위협을 사전에 제거하겠다는 태도를 명확히 한 것이다.

유엔 헌장이 인정하는 무력 행사는 침략에 대한 자위와 유엔에 의한 집단 제재, 두 가지 경우로 제한되어 있다. 위협이 닥쳐오고 있다고 자의적으로 판단하고 단독으로 선제 공격에 나선다는 부시 정권의 방침은 종래의 자위 개념과는 미묘한 차이가 있다. 그럼에도 부시 정권에게 그것은 '정의의 전쟁'인 것이다.

미국만이 아니다. 9·11 테러 이후 이스라엘은 팔레스타인과의 분쟁을 '테러와의 전쟁'으로 규정해 팔레스타인에 대한 공격을 강화했고, 이에 대한 팔레스타인의 자폭 테러와 보복 공격은 끝이 보이지 않고 있다. 인도 역시 카슈미르 지방의 이슬람 과격파 조직에 대한 '테러와의 전쟁'에 나서 파키스탄과의 국경 분쟁은 일촉즉발의 위기 상황에 있다. 이스라엘과 팔레스타인, 인도와 파키스탄 등 세계 각지에서 여러 가지의 '정의'가 서로 충돌하고 있는 것이다.

미소 양대국이 핵을 쥐고 서로 대치했던 동서 냉전이 1980년대 말에 종결된 이후, 이데올로기 대립의 시대에서 국제 협력의 새로운 시대로 들어섰다는 기대가 높아졌다. 인터넷 등 정보통신기술의 진보와 더불어 국가간의 벽이 낮아지고 세계화가 가속되었으며, 자유, 인권, 민주주의 등이 가치를 결정하는 키워드가 된 1990년대는 또한 유일한 초강대국 미국의 가치관이 보편화된 시기이기도 했다.

시장에 참여할 수 있는 사람들이나 미국의 가치관을 믿을 수 있는 사람들, 즉 세계화의 물결에 성공적으로 적응한 사람들은 문제가 없었지만, 그 물결에 밀려난 대다수의 사람들은 다른 가치관에 의존하지 않을 수 없었다. 어떤 사람들은 종교로 회귀했고, 어떤 사람들은 민족 안에서 자신이 있을 곳을 찾으려 했다. 냉전이 종결된 후 기대와는 달리 민족 분쟁이나 종교 대립이 오히려 더 많이 분출하게 된 원인의 일단이 여기에 있다고 할 수 있다.

걸프 전쟁, 팔레스타인 분쟁, 아프가니스탄 내전, 체첸 분쟁……

이 책에서 다룬 냉전 체제 붕괴 이후의 여러 가지 삐걱거림이 서로 공명하다 오사마 빈 라덴이라는 격류로 합쳐져 2001년 9월 11일 미국에서 분출했다. 게다가 그 흐름은 지하로 흡수되어 팔레스타인 지방이나 카슈미르 지방에서 새로운 흐름을 낳고 있다. 그런 의미에서 9·11 테러는 포스트 냉전 시대의 하나의 분기점이며, 21세기의 새로운 흐름의 출발점이기도 하다.

국제 사회를 둘러싼 이 흐름에 일본 역시 무관할 수 없다. 북한이 국제적 고립을 심화시킨 결과로 이루어진 고이즈미 준이치로 총리의 첫 북한 방문도 9·11 테러가 낳은 새로운 흐름의 하나라고 할 수 있다. 북한 선박의 출몰이나 납치 사건은 우리가 바로 국제 분쟁의 당사자임을 알려주는 것이다. 이 흐름을 이해하는 것은 국제 사회에서 우리의 위치를 파악하는 것과 직결되는 것이다.

국제 뉴스를 처리하다 보면 어지러운 전개를 따라가는 데 급급해 사태의 배경이 충분히 그려지지 않는 경우가 허다하다. 이 책에서는 진행중인 분쟁의 메커니즘을 가능한 한 알기 쉽게 설명하고자 노력했다. 몇 세기에 걸친 역사를 제한된 지면에서 설명하는 데 한계가 있기는 하지만, 매일 홍수처럼 흘러 들어오는 국제 뉴스를 설명하고 안내하는 역할을 할 수 있을 것이라 믿는다. 결과적으로 각각의 당사자들이 주장하는 '정의'가 얼마나 독선적이고 위험한 것인지 이해할 수 있다면 더 바랄 것이 없겠다.

이토 요시아키

차례

세계의 분쟁 지역

북아일랜드
바스크
신 유고슬라비아
코소보 자치주
보스니아 헤르체고비나
키프로스
이스라엘
에리트레아
시에라리온
에티오피아
콩고
앙골라
체첸
쿠르드족 자치구
이라크
쿠웨이트
아프가니스탄
이란
카슈미르 지방
소말리아
르완다
티베트 자치구
중국
스리랑카
미얀마
난사 군도
조선민주주의인민공화국
대한민국
타이완
센카쿠 섬
동티모르

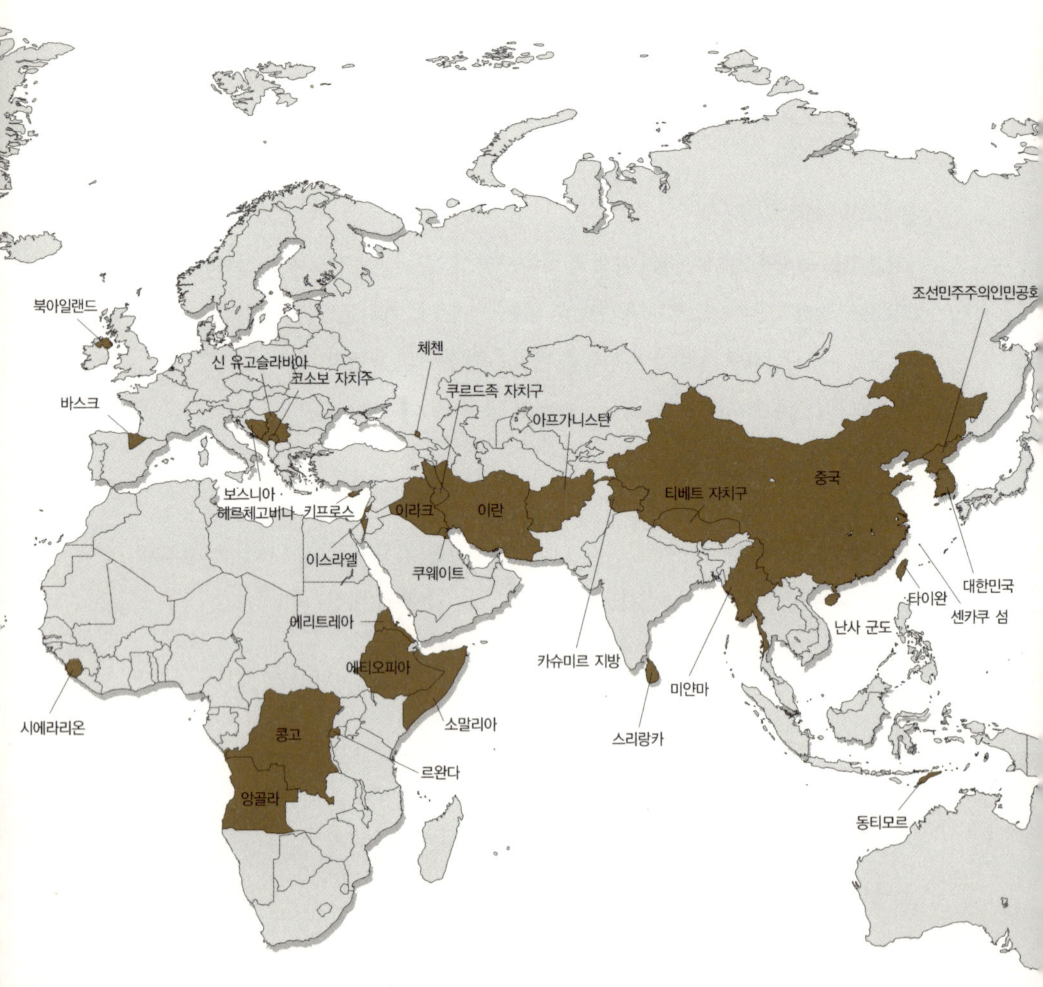

쿠바
콜롬비아
페루

1장

중동 지역의 분쟁

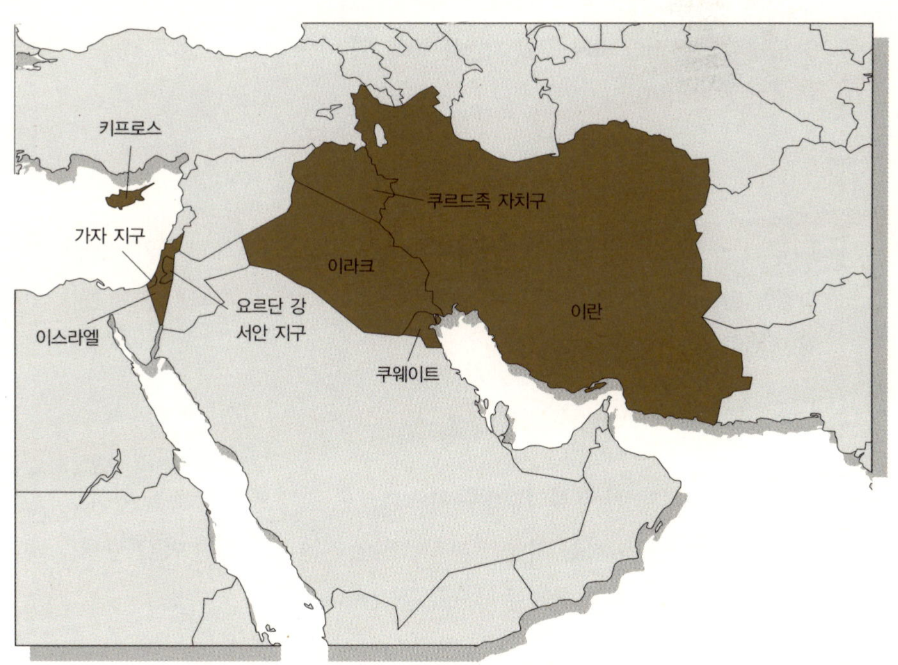

끝없이 이어지는 유대와 팔레스타인의 역사적 대립

》이스라엘 VS. 팔레스타인《

제1차 세계대전 당시 영국이 대(對) 투르크 전쟁에서 아랍인의 협력을 받는 대가로 **아랍 국가 독립을 약속**하는 한편, 유대인에게도 팔레스타인에서의 **유대인 국가 건설 지원을 약속**. 이 이중 외교가 팔레스타인 분쟁의 기원이 됨

1947년 유엔이 팔레스타인 분할안을 채택함으로써 **유대인 국가 이스라엘이 탄생**. 이에 대해 아랍 국가들이 반발해 전쟁이 계속되고 많은 팔레스타인 난민이 발생

1948년 이스라엘 건국 선언, 이후 이스라엘이 전쟁으로 영토를 확장. 아랍 국가들이 패퇴하는 가운데 팔레스타인인들의 조직인 PLO(팔레스타인 해방기구)가 전쟁의 주역으로 등장하나 열세가 계속됨

1987년 이스라엘에 의한 장기간의 점령 상태에 반발한 **팔레스타인인의 민중봉기**를 계기로 이스라엘과 PLO가 서로 양보하여 1993년 역사적인 '**팔레스타인 잠정자치 공동선언**' 체결

1994년 가자 지구와 요르단 강 서안 지구에서 **자치가 시작됨**

1995년 평화를 추진해왔던 이스라엘의 라빈 총리가 반대파에게 암살당함

2000년 가자 지구와 요르단 강 서안 지구의 최종적인 귀속을 협의한 **최종지위협정의 교섭이 결렬**되면서 다시 대립이 격화되기 시작

2001년 이스라엘, 미국의 9·11 테러 이후 세계적인 반테러 기운을 구실로 12월 아라파트 의장과의 관계 단절

2002년 가을, 이스라엘이 강경 자세를 보다 강화하는 동시에 팔레스타인의 이슬람 과격파에 의한 **자폭 테러가 빈발**

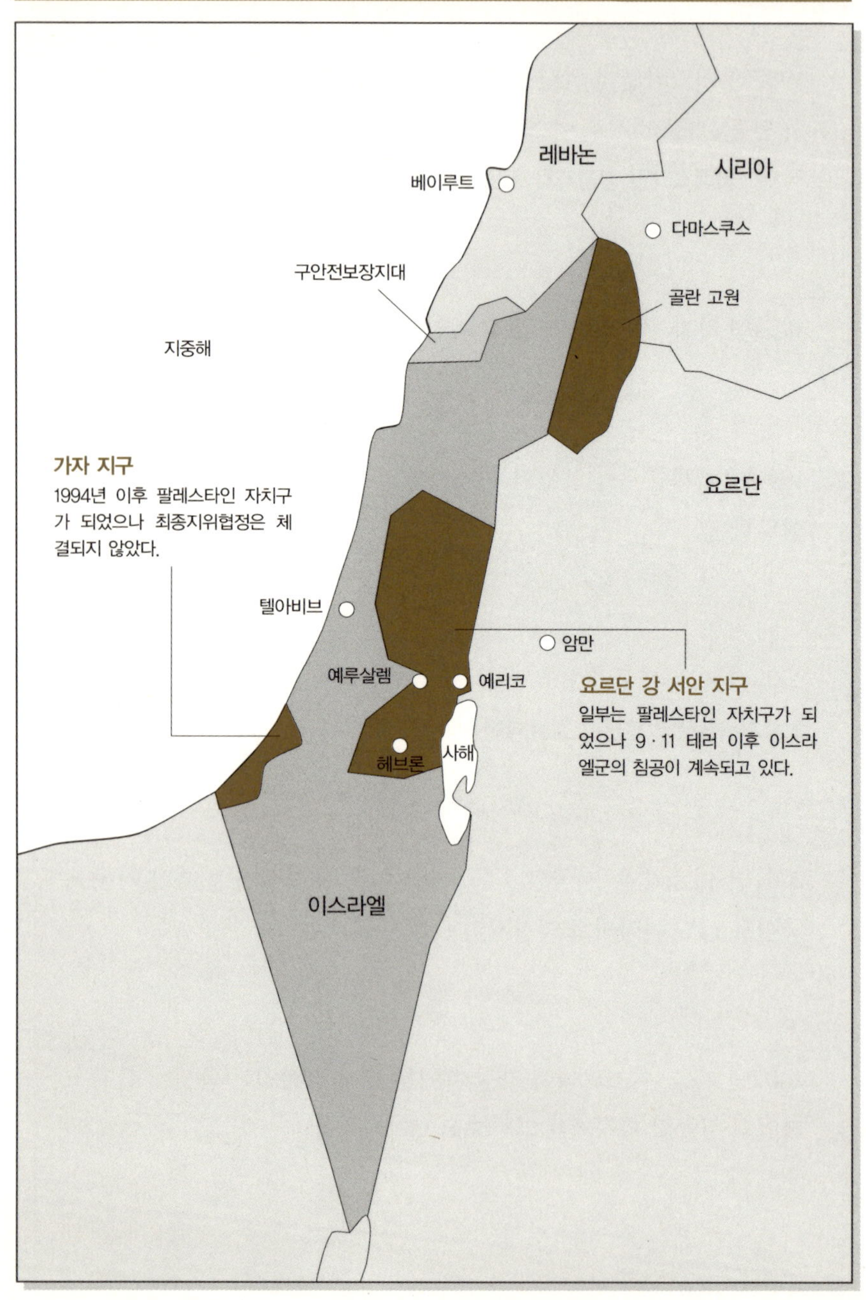
레바논
시리아
베이루트
다마스쿠스
구안전보장지대
골란 고원
지중해
가자 지구
1994년 이후 팔레스타인 자치구
가 되었으나 최종지위협정은 체
결되지 않았다.
요르단
텔아비브
암만
예루살렘
예리코
요르단 강 서안 지구
일부는 팔레스타인 자치구가 되
었으나 9·11 테러 이후 이스라
엘군의 침공이 계속되고 있다.
헤브론
사해
이스라엘

제1차 세계대전까지 거슬러 올라가는 분쟁의 기원

영국의 이중 외교가 원인을 제공 | 1914년 7월에 시작된 제1차 세계대전은 독일, 오스트리아, 오스만 투르크 등의 동맹국과 영국, 프랑스, 러시아 등의 연합군 간의 전쟁이었다. 후에 미국, 중국이 연합군에 가세했다. 당시 팔레스타인 지역의 주민 대다수는 아랍인으로, 중동 지역의 대부분은 오스만 투르크의 지배하에 있었다. 이때 영국은 팔레스타인 지역에 대해 아랍인, 유대인과 각각 서로 모순되는 약속을 했다. 이것이 현재의 팔레스타인 분쟁의 원인이 되었다.

영국이 아랍인과 약속한 것이 이른바 '후세인-맥마흔 선언'이다. 오스만 투르크의 지배하에 있던 아랍인들에게 영국에 대한 협력, 즉 오스만 투르크에 대한 반란을 요청하면서 그 대가로 전쟁 후 아랍인 국가의 독립을 약속한 것이다.

한편 유대인과의 약속은 이른바 '밸푸어 선언'으로, 유대인 재벌로부터 전쟁 비용을 조달하는 동시에 유대인이 강한 경제적 영향력을 행사하고 있는 미국의 참전을 재촉하기 위해 팔레스타인에서 유대인 국가의 건설을 목표로 하는 '시오니즘(Zionism)'에 대한 지원을 약속한 것이다.

더구나 영국은 프랑스와 오스만 투르크 지배하의 중동 지역을 전후 영국과 프랑스가 분할한다는 내용의 '사이크스-피코 협정'도 체결했다. 이중 외교가 아니라 삼중 외교였던 것이다. 현재 중동 지역의 국경선은 이 협정에 기초해 형성된 것이다.

다마스쿠스에서 쫓겨난 아랍인 | 제1차 세계대전은 연합국의 승리로
끝났다. 그러나 팔레스타인은 영국의 위임통치령이 되었고, 아랍인
대표가 파리평화회의(1919년)에 참석했지만 아랍 국가의 독립은 인
정되지 않았다. 거기다 영국에 협력하여 오스만 투르크의 중요 거점

전쟁으로 파괴된 팔레스타인 자치구

이던 다마스쿠스(현재 시리아의 수도)를 공략하여 아랍 국가의 수립을 선언한 아랍인 세력은 프랑스에 의해 다마스쿠스에서 물러나게 되었다.

아랍인들 사이에서는 약속을 일방적으로 파기한 영국에 대한 반발이 커져갔지만, 영국은 위임통치령으로 획득한 이라크와 요르단의 지배권을 아랍인 유력자에게 넘기면서 이들을 회유했다.

구약성서에 기초한 시오니즘이 문제를 확대

구약성서에 기초한 주장 | 팔레스타인 분쟁의 원류가 영국의 외교 정책이라면 문제를 확대한 것은 '시오니즘'이다. 시오니스트(시오니즘을 신봉하는 사람)는 구약성서의 내용에 기초하여 '팔레스타인은 신이 유대인에게 내려준 땅'이라고 주장한다.

구약성서를 간단히 살펴보자. 하느님은 유대인의 선조 아브라함에게 '가나안 땅(팔레스타인)'을 줄 것을 약속했다(창세기). 그후 아브라함의 손자는 팔레스타인을 떠나 이집트로 이주하지만, 모세가 이들을 이끌고 팔레스타인으로 돌아온다(출애굽기).

기원전 10세기에는 다윗이 팔레스타인을 통일하고 왕국을 건설했으나 그 왕국이 멸망한 후 팔레스타인은 여러 나라의 지배하에 놓이게 되었고, 결국 유대인들은 기원전 70년 로마 제국에 의해 팔레스타인에서 추방당한다. 유대인들은 언젠가는 팔레스타인으로 돌아가기를 바라면서 세계 각지로 흩어진다. 유대인들은 이를 '디아스포라(Diaspora)'라고 부른다.

그리고 19세기 말, 2천 년의 시간이 지나 신화 속의 소원은 시오니즘이라는 구체적인 운동으로 발전했다.

아랍인과 유대인의 대립 : 팔레스타인이 영국의 위임통치령이 되자 밸푸어 선언의 실현을 믿은 많은 유대인들이 팔레스타인으로 이주했다. 특히 1933년 독일에서 나치 정권이 탄생한 이후에는 박해를 피하기 위한 이민이 급증했다. 이러한 유대인의 증가는 현지 팔레스타인인(팔레스타인에 거주하는 아랍인)과 유대인 간의 대립을 낳았다.

1929년에는 유대교의 성지인 '통곡의 벽'에 유대인이 시오니스트의 깃발을 게양한 것을 계기로 유대인과 팔레스타인인 간의 대규모 충돌이 발생했으며, 1936년에는 팔레스타인인이 독립을 요구하며 영국에 반대하는 파업을 일으켰다.

영국은 혼란을 수습하기 위해 팔레스타인 분할안, 나아가 팔레스타인에 하나의 국가를 수립하여 유대인 이민을 제한하는 안 등을 발표하지만, 팔레스타인인은 영국에 대한 불신으로 이를 거부한다. 반면 유대인의 입장에서도 이 같은 영국의 움직임은 밸푸어 선언을 부정하는 것이어서 반대한다.

팔레스타인인과 유대인 양쪽에서 반(反)영국 기운이 고조되는 가운데 1939년 9월 독일군이 폴란드를 침공하여 제2차 세계대전이 발발했다.

이집트 등 3개국으로 분할되어 팔레스타인 분쟁이 발생

홀로코스트와 이스라엘 건국 시오니즘은 유대인들 사이에서도 큰 지지를 얻지 못했다. 2천 년의 시간을 넘어 팔레스타인에 국가를 건설한다는 것은 어디까지나 신화이자 꿈에 불과한 이야기였기 때문이다. 그러나 제2차 세계대전 후 나치에 의한 유대인 대학살(홀로코스트)이 알려지자 세계 여론이 유대인에게 동정적인 방향으로 기울면서 시오니즘이 큰 설득력을 얻게 되었다.

사실 서구 각국으로서는 홀로코스트를 피해 탈출한 유대인 난민을 받아들이는 것을 기피하고 있었고, 나아가 자국의 유대인이 팔레스타인에 이주함으로써 자국 내의 유대인 문제가 해소되기를 바라는 계산도 있었다.

백만 명의 팔레스타인 난민 발생 영국은 결국 팔레스타인에서 유대

유대인 탄압이 낳은 시오니즘

시오니즘의 배경에는 19세기 말 유럽에서 벌어졌던 유대인 탄압의 역사가 있다.

유럽 각지에 흩어져 있던 유대인은 크리스트교가 보급되는 과정에서 예수를 십자가에 못 박아 살해한 민족으로 박해를 받았다. 특히 크리스트교가 절대적인 권위를 가지게 된 중세 이후 유대인은 게토(ghetto, 특별 지구)에 격리되어 토지를 소유하고 농업에 종사하는 것을 금지당했다. 이 때문에 유대인은 크리스트교에서는 '천한 직업'으로 여겨진 금융업이나 상업에 종사하게 되었고, 이로 인해 일부 유대인은 많은 부를 축적하기도 했다. 그러나 이것이 오히려 유대인에 대한 질투를 불러일으키게 되어 편견과 차별은 더욱 심해졌다.

프랑스 혁명과 함께 유럽이 근대를 맞이하게 되자 유대인에게도 표면상으로는 동등한 시민권이 주어졌다. 그러나 '근대'는 왕의 지배를 받던 '시민'이 단결하여 왕권에 맞서면서 시작된 시대였다. 그 과정에서 단결한 시민들이 '민족'을 강하게 의식하게 되면서, 이민족인 유대인에 대한 박해는 오히려 더 심해졌다. 유대인에게도 그러한 '민족' 국가의 틀에 묶이는 것은 자신들의 정체성을 잃는 것이 아닐 수 없었다.

이러한 상황 속에서, 1896년 저널리스트였던 테오도르 헤르츨(Theodor Herzl)이 『유대인 국가Der Judenstaat』를 출판하면서 시오니즘을 제창하고, 이어 1897년 스위스에서 제1회 시오니스트 대회가 열리면서 '법률에 의해 보장된 유대인의 본토를 팔레스타인에 건설'할 것이 선언되었다.

즉 시오니즘을 낳은 것은 유럽에서의 유대인 차별이라고도 할 수 있다. 시오니즘과 영국의 이중 외교에서 보듯, 중동 지역에서 일어나고 있는 팔레스타인 분쟁의 발단에는 유럽이 깊이 연관되어 있는 것이다.

인과 팔레스타인인 간의 대립을 해결하지 못하고 1947년 문제 해결을 유엔에 넘기게 되었다. 유엔은 특별위원회를 파견하여 팔레스타인을 아랍인 국가와 유대인 국가로 분할하고 유대교, 크리스트교, 이슬람교 3개 종교의 성지인 예루살렘을 국제 관리하에 두는 분할안을 채택했다.

당시 전체 팔레스타인 지역에서 유대인은 극히 일부에 불과했지만, 분할안은 팔레스타인의 절반을 유대인의 것으로 만들었다. 아랍 국가들은 이 분할안에 거세게 반발했다.

1948년 이스라엘이 건국을 선언하자 다음날 주변의 아랍국가들(이집트, 요르단, 시리아, 레바논, 이라크)이 이스라엘을 침공했다(제1차 중동전쟁). 그러나 전쟁은 이스라엘의 승리로 끝났고, 이스라엘은 분할안보다 더 넓은 영토를 점령했다. 팔레스타인인들이 분할안을 거부했기 때문에 팔레스타인인 국가는 만들어지지 않은 채로, 분할안에서 팔레스타인인 국가로 예정되었던 요르단 강 서안 지구와 가자 지구는 요르단과 이집트의 지배하에 놓이게 되었다.

결국 팔레스타인 지역은 이스라엘, 요르단, 이집트 세 나라에 의해 분할되었고, 전화(戰禍)를 피한 백만 명에 가까운 팔레스타인인들이 난민이 되어 요르단 강 서안 지구와 가자 지구 등으로 유입되었다.

이스라엘의 확대와 난민의 증가 이스라엘과 아랍 국가들 간의 전쟁은 그후에도 계속되었다. 1967년 제3차 중동전쟁에서 이스라엘은 이

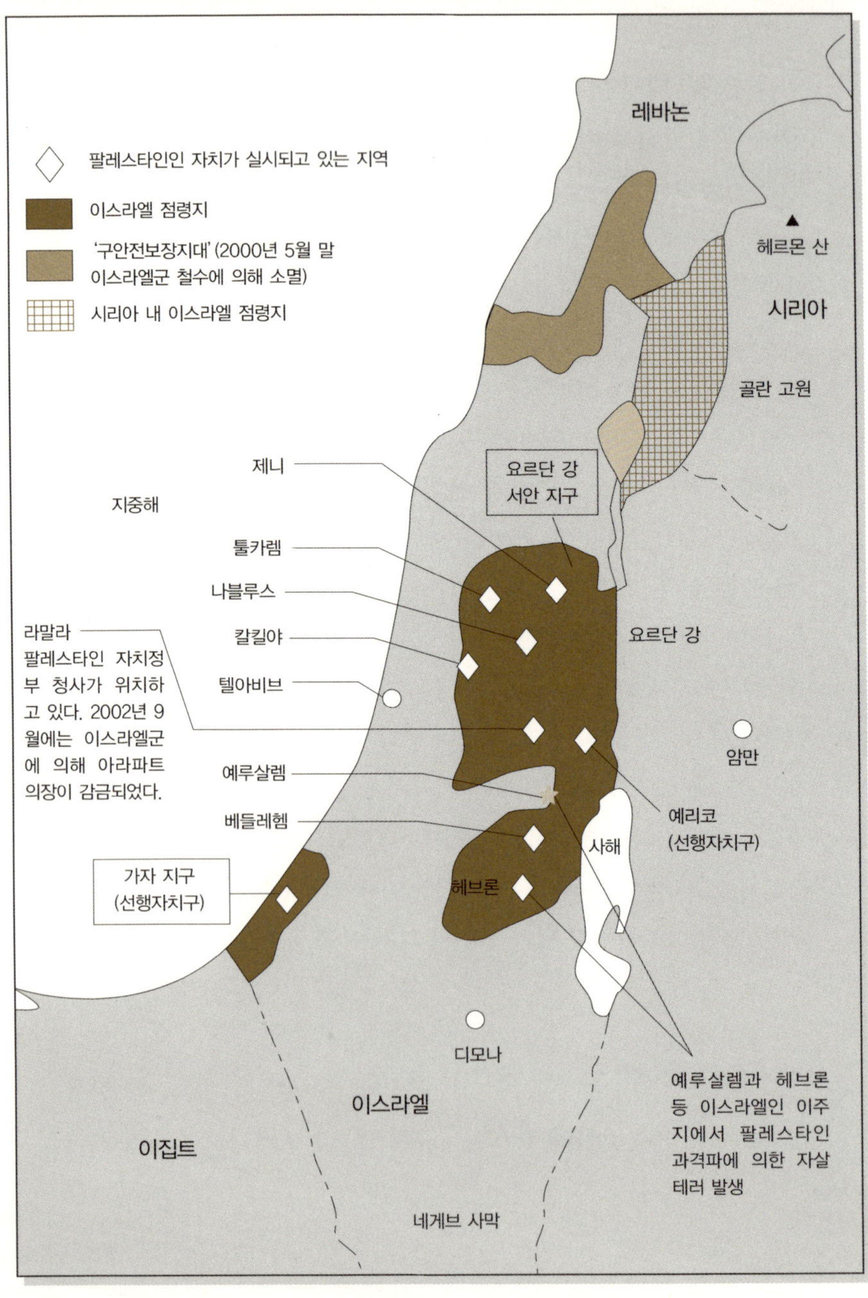
팔레스타인인 자치가 실시되고 있는 지역
이스라엘 점령지
'구안전보장지대'(2000년 5월 말 이스라엘군 철수에 의해 소멸)
시리아 내 이스라엘 점령지
레바논
헤르몬 산
시리아
골란 고원
제니
지중해
요르단 강 서안 지구
툴카렘
나블루스
칼킬야
요르단 강
텔아비브
라말라
팔레스타인 자치정부 청사가 위치하고 있다. 2002년 9월에는 이스라엘군에 의해 아라파트 의장이 감금되었다.
암만
예루살렘
예리코 (선행자치구)
베들레헴
사해
가자 지구 (선행자치구)
헤브론
디모나
이스라엘
예루살렘과 헤브론 등 이스라엘인 이주지에서 팔레스타인 과격파에 의한 자살 테러 발생
이집트
네게브 사막

집트로부터 시나이 반도와 가자 지구를, 요르단으로부터 요르단 강 서안 지구를 4일 만에, 시리아로부터 골란 고원을 2일 만에 빼앗았다. 이스라엘은 이 전쟁을 '6일 전쟁'이라고 부른다.

유엔은 이스라엘군의 점령지 철수, 이 지역 모든 국가의 생존권 해결 등을 포함하는 안전보장이사회 결의 242호를 11월 22일 채택했지만, 아랍 측은 이스라엘을 국가로 인정하게 된다며 이 결의를 받아들이지 않았다.

이스라엘에 의한 골란 고원 점령은 지금까지도 이어져, 현재 유엔 병력철수감시군(DOF)이 감시를 계속하고 있다.

'미니 팔레스타인 국가' 안과 인티파다

미니 팔레스타인 국가안 1964년 아랍 국가들의 후원으로 PLO(팔레스타인 해방기구)가 결성되었다. 제3차 중동전쟁에서 패배한 후 독자적으로 이스라엘에 대한 게릴라 투쟁을 계속해왔던 파타(Fatah, 팔레스타인 해방운동)의 지도자 야세르 아라파트가 PLO의 의장으로 취임했다.

1973년에는 제4차 중동전쟁이 발발한다. 아랍 측은 석유 가격의 인상과 함께 이스라엘에 우호적인 미국에 대한 석유 수출 금지 등 석

이스라엘 영토의 변천

이스라엘 건국 당시(1949년~1967년)

제3차 중동전쟁 후

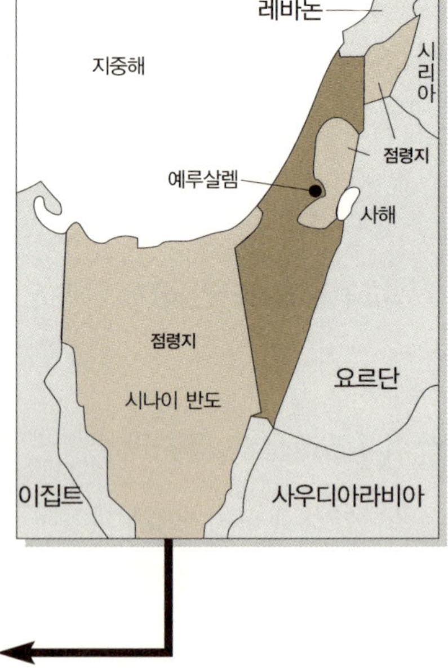

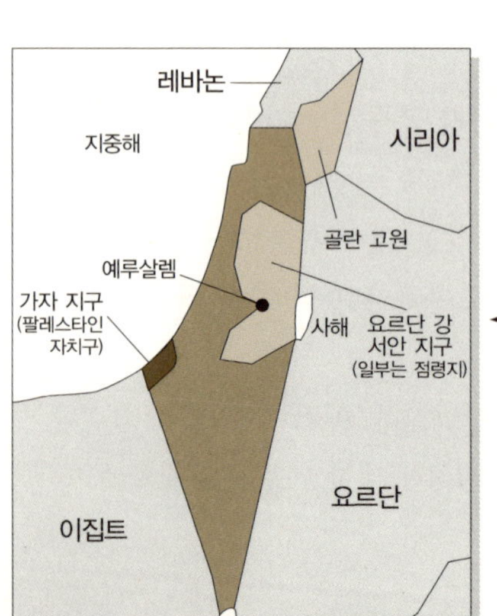

현재의 이스라엘

가자 지구와 요르단 강 서안
지구의 귀속 문제에 관한 협
의가 난항을 겪고 있다. 자치
구로의 유대인 이주 등으로
영토 문제는 교착 상태.

유를 무기화하는 전략을 발동했다. 이 때문에 석유에 의존하고 있던 선진국의 경제가 커다란 타격을 받아 제1차 오일쇼크가 발생했다.

석유 전략의 성과에 힘입어 그때까지 패배를 거듭해왔던 아랍 측은 이 전쟁을 무승부로 끝낼 수 있었다. 또한 아랍 국가들 가운데에서도 이스라엘과의 평화를 바라는 분위기가 생겨났다. PLO 내부에서도 이스라엘을 국가로 인정하고 제3차 중동전쟁 때의 점령지인 가자 지구와 요르단 강 서안 지구에서의 이스라엘군 철수를 요구하고 그곳에 팔레스타인 국가를 건설한다는 '미니 팔레스타인 국가'안이 등장했다.

PLO 내부에서 강경한 반대 의견도 대두됐으나, 1974년 아라파트 의장이 유엔 총회에서 미니 팔레스타인 국가안을 지지하면서 PLO는 유엔의 옵저버 자격을 얻었다.

끊이지 않는 전화와 학살 1977년 이집트의 사다트 대통령이 이스라엘을 방문하고 1979년에는 이스라엘과 평화조약을 체결했다. 이 단독 평화조약은 아랍 국가들 사이에 균열을 일으켰다. PLO도 자신들을 배제한 평화 교섭에 대해 반발했다.

한편 이집트와의 평화조약으로 남쪽에서의 위협이 사라진 이스라엘은 1982년 당시 PLO 본부가 있던 레바논을 침공했다. 압도적인 병력 차이로 인해 PLO는 튀니지로 철수했다. 이때 이스라엘군에게 포위되었던 레바논의 팔레스타인 난민 캠프에서는 1천 명 이상의 난민이 레바논의 친이스라엘 민병대에 의해 학살당했다.

인티파다와 독립 선언 1987년 12월, 이스라엘에 의한 장기간의 점령 상태에 반발한 팔레스타인의 민중봉기가 가자 지구에서 발생하여 요르단 강 서안 지구까지 확대되었다. '인티파다(Intifada)'라고 불리는 이 민중봉기는 이스라엘군에 대한 투석 저항으로 '돌의 투쟁'이라고도 불린다.

1988년 요르단이 이스라엘 점령하에 있던 요르단 강 서안 지구의 권리를 포기하자, 아라파트 PLO 의장은 요르단 강 서안 지구와 가자 지구를 영토로 하는 팔레스타인 국가의 독립을 선언하고, 동시에 제3차 중동전쟁 당시 채택되었던 유엔 안전보장이사회 결의 242호의 수용을 표명했다. 이것은 이스라엘을 국가로 인정하고 제3차 중동전쟁 이전의 국경선을 받아들이는 것을 의미했다.

역사적 합의, 그러나 후퇴하는 평화

역사적인 합의로 자치가 시작 1990년 8월, 이라크가 쿠웨이트를 침공했다. 미국과 유엔은 이라크에게 쿠웨이트로부터 철수할 것을 요구했으나, 이라크는 유엔의 결의를 무시하고 거꾸로 팔레스타인 점령을 유지하고 있는 이스라엘 문제를 거론했다. 그 때문에 PLO는 팔레스타인 문제를 제기한 이라크 측을 지지하고, 걸프 전쟁에서 이라크가 패배하자 PLO는 국제적으로 난처한 입장에 처하게 되었다. 그러나 걸프 전쟁은 팔레스타인 문제를 세계에 새롭게 인식시키는 계기가 되기도 했다.

아라파트 PLO 의장

걸프 전쟁을 통해 중동에 대해 더욱 큰 영향력을 갖게 된 미국은 팔레스타인 문제의 해결을 위해 1991년 10월 마드리드에서 중동평화회의를 개최했다. 의제가 진행됨에 따라 회의는 암초에 부딪혔다. 그후 노르웨이의 오슬로에서 이스라엘과 PLO의 비밀 교섭이 이루어졌다.

1993년 9월, 이스라엘의 라빈 총리와 아라파트 의장은 '팔레스타인 잠정자치 공동선언' (오슬로 합의)에 조인했다. 오슬로 합의는 이스라엘이 제3차 중동전쟁에서 점령한 지역(가자 지구와 요르단 강 서안 지구)에서 철수하고 PLO가 향후 5년간 잠정자치를 실시하며, 그 기간 동안 가자 지구와 요르단 강 서안 지구의 최종적인 지위를 결정하기로 했다. 이 역사적인 합의는 전세계를 놀라게 했다.

1994년 5월, 이스라엘군의 철수에 의해 가자 지구와 요르단 강 서안 지구의 예리코에서 잠정자치가 시작되었다. 그러나 팔레스타인과 이스라엘 양쪽 모두에 합의를 반대하는 세력이 존재하였다. 1995년 11월에는 이스라엘 내의 반대파가 평화 집회에 참가하고 있던 라빈 총리를 암살하는 사건이 발생했다.

과격파의 대두, 후퇴하는 평화 1996년 1월 팔레스타인에서 자치정부 의장선거가 치러져 아라파트 의장이 90%에 가까운 득표율로 압

난제의 해결을 시도했던 최종지위협정

오슬로 합의는 팔레스타인에 의한 잠정자치를 5년으로 정하고 그 동안 예루살렘의 귀속 문제와 난민 문제를 포함한 가자 지구와 요르단 강 서안 지구의 최종적인 지위를 결정하도록 했다.

이 최종지위교섭은 2000년 9월을 기한으로 진행되어 7월에는 클린턴 미 대통령의 중개로 PLO의 아라파트 수반과 이스라엘의 바라크 총리가 회담을 가졌으나, 예루살렘이 수도임을 주장하는 이스라엘과 동예루살렘을 수도로 팔레스타인 국가를 건설하고자 하는 팔레스타인의 입장이 충돌했다. 또한 이스라엘이 건국 이전 그 땅에 살고 있던 팔레스타인 난민의 귀속권을 거부했고, 팔레스타인 자치구 내에 존재하는 유대인 정착지의 처리 등 합의가 어려운 문제가 많아 회의는 결렬되었다.

승을 거두었다. 그러나 잠정자
치에 반대하는 이슬람 원리주의
세력과 PLO 반주류파가 선거를
보이콧하고 테러 활동을 계속하
여 아라파트 의장은 난처한 입
장에 처하게 되었다.

　2000년에는 가자 지구와 요르
단 강 서안 지구의 최종적인 귀
속 문제 등을 협의하기 위한 최
종지위교섭이 시작되었으나 협
의는 난항을 거듭했다. 같은 해
7월에는 미국의 클린턴 대통령

이스라엘 샤론 총리

의 중개로 이스라엘의 바라크 총리, 팔레스타인의 아라파트 수반이
회담을 진행했으나 결국 결렬되었다.

　사태가 악화되는 가운데 같은 해 9월 평화에 반대하는 이스라엘 우
파 리쿠드당의 지도자 샤론이 수백 명의 지지자를 이끌고 동예루살렘
에 있는 이슬람교의 성지 '템플 마운트(하람 알 샤리프)' 방문을 강행
했다. 이 도발적인 행위에 항의하는 팔레스타인인과 이스라엘 치안부
대의 충돌은 곧 팔레스타인 자치구 전역으로 확대되었다.

　2001년 3월 샤론이 총리에 당선되면서 팔레스타인에 대한 강경 자
세는 보다 분명해졌고, 이에 대해 팔레스타인의 하마스(Hamas) 등
이슬람 과격파도 자살 폭탄 테러로 맞섰다. 아라파트 수반의 테러 중

이슬람 과격파의 세력 확장

팔레스타인에서는 이슬람 과격파인 '하마스'와 '이슬람 지하드'에 의한 자폭 테러가 이어지고 있다. 특히 2002년 결혼을 앞두고 있던 젊은 여성이 자폭 테러를 감행한 사건은 전세계에 충격을 주었다.

이슬람 과격파는 팔레스타인 전역의 해방과 이스라엘의 척결을 주장하고 있으며, 반 이스라엘 노선을 견지하면서도 이스라엘과의 평화를 추구하고 있는 PLO에도 반대하고 있다. 또 과격한 테러를 자행하는 한편으로 의료, 복지 활동 등을 전개하여 팔레스타인 민중의 지지를 얻고 있기도 하다.

이스라엘과 PLO의 평화는 이슬람 과격파를 억제하는 효과도 있었다. 그러나 평화가 정체되어 있는 지금, 상황은 보다 복잡해지고 있다.

지에 대한 호소도 효과가 없었으며 자치구에 대한 아라파트 수반의 장악력은 하락하였다.

2001년 9·11 테러로 사태가 일시적으로 가라앉는 듯했다. 그러나 10월 이스라엘 관광장관이 테러에 의해 암살되고 이어 이스라엘군이 팔레스타인 자치구를 침공하는 사건이 발생했다. 샤론 총리는 테러의 책임이 아라파트 수반에게 있다고 주장하며 집무 청사를 전차로 포위하는 등 더욱 강경한 자세를 보였고, 12월에는 아라파트 수반과의 관계를 단절했다.

미국은 이스라엘에 대한 지원을 계속하면서도 강도 높은 강경책은 억제한다는 입장이었으나, 샤론 총리가 대 팔레스타인 강경책을 '테러와의 전쟁'으로 규정하는 바람에 9·11 테러 이후 '테러와의 전쟁'

을 국제 사회에 역설하고 있는 미국으로서는 샤론 총리를 억제하기 힘들게 되었다.

2002년에 들어서도 팔레스타인 과격파에 의한 자살 폭탄 테러가 빈발하고 이스라엘군이 자치구를 폭격하는 등 정세는 한층 긴박해지고 있다.

20세기의 국제 정치가 낳은 문제가 21세기가 된 지금도 커다란 과제로 남아 있는 것이다.

쿠르드족 문제
'나라 없는 민족' 쿠르드족의 비원은 통일국가 건설

》쿠르드족 VS. 이란 · 이라크 · 터키 《

1920년 제1차 세계대전 직후 민족자결주의의 흐름 속에서 **사상 첫 쿠르드족 국가** 건설이 명기(세브르 조약)되었으나 곧 **조약이 파기**되고 약속은 무효화

1946년 소련의 후원으로 **쿠르드족 공화국(마하바드 공화국)** 수립이 선언되었으나 소련군이 철수함에 따라 이란군의 공격으로 약 **반 년 만에 붕괴**

1980년 이후 터키 정부는 터키 영내의 쿠르드족에 대해 강도 높은 동화 정책을 실시. 이에 대해 **과격파 '쿠르드 노동자당(PKK)'**이 격렬한 게릴라 활동을 전개. 정부의 무력 진압에 의해 백만 명이 넘는 난민 발생

1988년 이란-이라크 전쟁중 이라크 내 쿠르드족 5천 명이 이라크의 **화학무기에 의해 학살**당하는 사건이 발생(할라브자 사건)

1991년 걸프 전쟁 후 이라크의 쿠르드족 과격파 조직이 미국과 영국의 지원하에 반이라크 무력 투쟁을 전개하나, 이라크에 의해 제압되어 **1백만~2백만 명의 대규모 난민**이 주변국으로 이주

1999년 터키의 쿠르드 노동자당 지도자 **압둘라 오잘란이 체포되어 사형판결**을 받음. 2002년 터키가 EU(유럽연합) 가입을 위해 사형 제도 폐지와 쿠르드어 방송의 해금을 결정

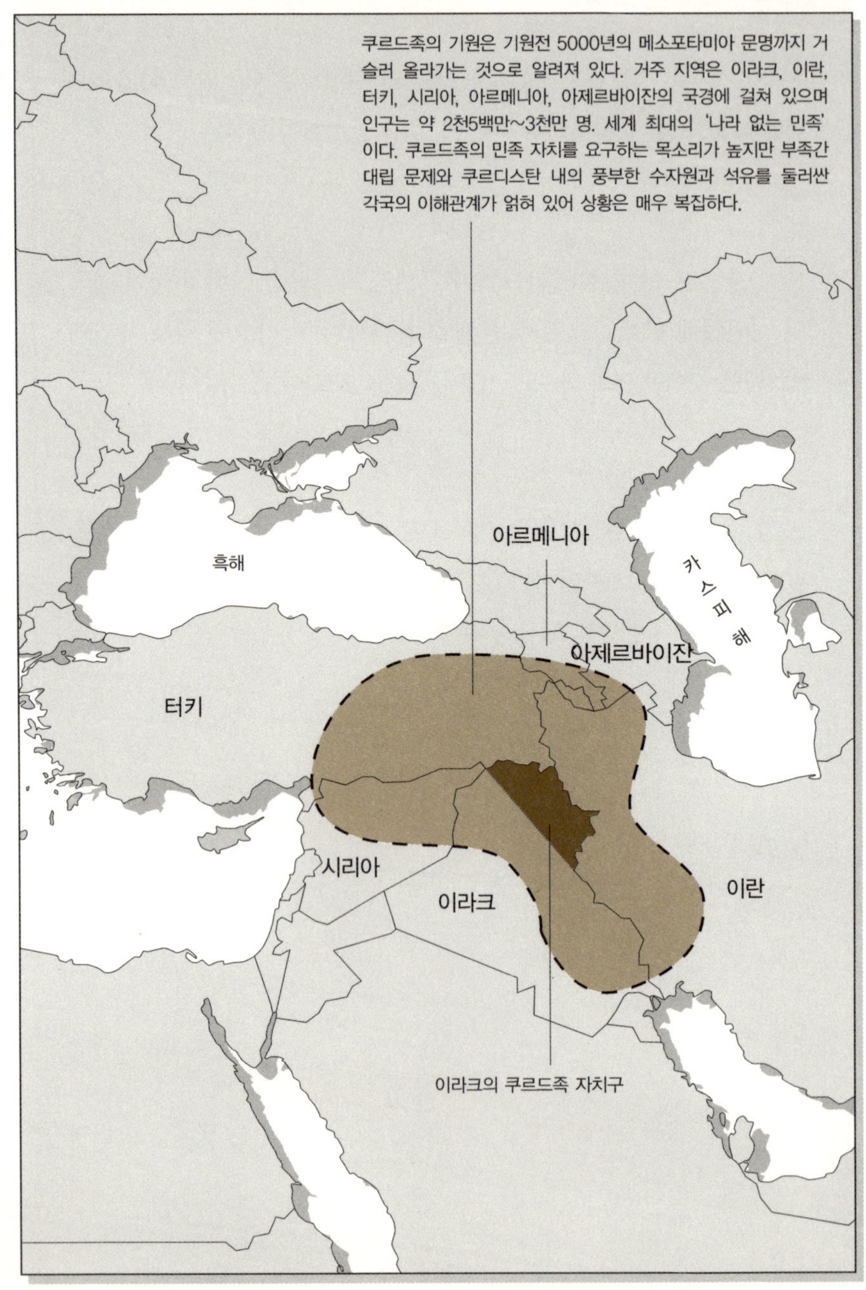

쿠르드족의 기원은 기원전 5000년의 메소포타미아 문명까지 거슬러 올라가는 것으로 알려져 있다. 거주 지역은 이라크, 이란, 터키, 시리아, 아르메니아, 아제르바이잔의 국경에 걸쳐 있으며 인구는 약 2천5백만~3천만 명. 세계 최대의 '나라 없는 민족'이다. 쿠르드족의 민족 자치를 요구하는 목소리가 높지만 부족간 대립 문제와 쿠르디스탄 내의 풍부한 수자원과 석유를 둘러싼 각국의 이해관계가 얽혀 있어 상황은 매우 복잡하다.

국가를 갖지 못한 세계 최대의 '소수' 민족

열강에 의해 분단된 쿠르드족의 토지 | 쿠르드족은 북(北)아리아 계통
의 종족이며 이들의 언어인 쿠르드어는 인도유럽어족이다. 거주 지
역은 이라크, 이란, 터키, 시리아, 아르메니아, 아제르바이잔 등에 걸
쳐 있다. 이 지역은 원래는 '쿠르디스탄' (쿠르드족의 땅이라는 뜻)이
라 불리는 지역으로, 제1차 세계대전 후 영국과 프랑스를 중심으로
한 유럽 열강에 의해 일방적으로 국경선이 획정됨으로써 쿠르드족이
각국의 소수민족으로 분단되었다. 현재 총인구는 2천5백만~3천만
명 정도로 추정되며, 중동 지역에서 아랍인, 터키인, 페르시아(이란)
인에 이어 네번째로 큰 민족이자, 국가를 갖지 못한 세계 최대의 '소
수' 민족이라 할 수 있다.

쿠르디스탄은 어디서부터 어디까지라고 잘라 말할 수는 없지만 면
적이 약 50만 평방킬로미터에 이른다고 한다. 또한 그 지역은 험준한
산과 함께 수많은 하천이 흐르고 있으며, 메소포타미아 문명의 발원
지인 티그리스, 유프라테스 강의 원류라고 할 수 있는, 수자원이 풍
부한 농업 지대이다. 쿠르드족의 대부분은 농업과 목축업에 종사하
고 있다.

쿠르디스탄은 석유를 비롯한 지하자원이 풍부한 지역이다. 그 이
권을 둘러싼 분쟁이라는 측면이 쿠르드족 문제의 해결을 더욱 어렵
게 만들고 있다.

거품이 되어버린 쿠르드족 국가 건설 제1차 세계대전 후 민족자결주의의 흐름 속에서 패전국 오스만 투르크와 연합국이 체결한 세브르 조약(1920년)에는 쿠르드족 국가 건설에 관한 내용이 사상 처음으로 명시되어 있었다. 그러나 터키국민당을 이끌고 있는 케말 파샤에 의

보호구 '세이프 헤이번'에서 자치구로

걸프전 당시 북이라크의 쿠르드족은 이라크의 정전 수락을 계기로 일제히 반후세인 봉기를 일으켰다. 그러나 다국적군의 지원을 받지 못한 이 봉기는 이라크군에 의해 잔인하게 진압당했다. 2만 명이 죽고 150만 명에 이르는 대규모 난민이 다시 터키와 이란으로 탈출했다. 이에 미국은 이들의 귀환을 유도하기 위해 이라크 북부에 '세이프 헤이번'(safe haven, 안전한 피난소)을 설치했다. 이렇게 해서 이라크의 쿠르드족은 이라크 중앙정부로부터 독립된 자치정부를 만들 기회를 얻었다.

1992년 북이라크에서 쿠르드족에 의한 첫 의회선거가 치러져 자치정부가 탄생했다. 이후 '세이프 헤이번'은 '쿠르드족 자치구'로 불리게 되고, 자치정부는 이라크와의 연방화를 제창했다.

그러나 터키, 이란, 시리아는 "이라크를 분할하려는 기도는 지역의 평화와 안정에 부정적이고 위험한 결과를 가져온다"는 내용의 공동 성명을 내고 쿠르디스탄의 독립 움직임을 일절 용납하지 않겠다고 경고했다. 또한 이라크 정부는 자치구에 대한 물자 보급을 완전히 중단했다. 터키, 이란, 시리아는 이라크에서 쿠르드족의 자치 독립을 인정하면 자국 내의 쿠르드족에 대해서도 같은 수준의 자치와 독립을 인정할 수밖에 없게 될 것을 우려하고 있다. 한편 쿠르드족 조직 내부에서도 노선을 둘러싼 대립이 격화되어 상황은 더욱 혼미해지고 있다.

해 터키가 공화제로 이행함에 따라 '쿠르드족 독립국가 건설'을 표명한 세브르 조약은 파기되어버렸다.

새로이 체결된 로잔 조약(1923년)에 기본적인 권리가 명시되어 있었음에도 불구하고, 이 약속은 무효화되었다. 1925년에 쿠르디스탄은 연합국의 승인에 기초하여 터키, 이란, 이라크, 시리아, 소련으로 완전히 분할 병합되었다.

제2차 세계대전 말기에 이란 북서부에서 쿠르드족 독립운동이 일어났다. 종전 후 소련의 후원으로 쿠르디스탄 인민공화국(통칭 마하바드 공화국)의 수립이 선언(1946년)되었으나, 그후 석유 채굴권을 둘러싼 미국, 소련, 영국, 이란 정부 사이의 거래로 소련이 철수함에 따라 그 즉시 이란이 침공하고 공화국은 반 년 만에 붕괴했다. 이후 이란 내의 쿠르드족은 이란 정부에 의한 강압적 동화 정책 아래 놓여 있다.

이란-이라크 전쟁에 휘말린 쿠르드족 1980년 이라크의 사담 후세인 대통령은 이란 혁명에 따른 혼란과 국제적 고립을 틈타 이란 남서부를 침공했다. 1975년 후세인 대통령이 이란과 이라크 내 쿠르드족 지원 중지를 조건으로 영토 문제를 양보한다는 내용으로 체결했던 '알제 협정'을 파기한 후에 이루어진 침공이었다. 그 목적은 유전 지대의 이권 확보에 있었다. 이렇게 이란-이라크 전쟁은 시작되어 1988년까지 계속된다. 전쟁이 진행됨에 따라 쿠르드족의 거주 지역인 쿠르디스탄까지 전선이 확대되어 많은 쿠르드족이 전쟁에 휘말리게 되었다. 이라크의 후세인 대통령은 이란 쿠르드 민주당(이란 KDP)을 지원하는 반면, 이란의 호메이니는 이라크 쿠르드 민주당(이라크 KDP)과 쿠르드 애국동맹(PUK)을 지원했다. 두 나라 모두 전쟁을 유리하게 이끌기 위해 상대 국가의 쿠르드족 반정부 세력을 이용하고자 한 것이다.

전쟁 말기에는 이라크령 쿠르디스탄에 침입한 이란군을 격퇴한다는 명목으로 미국의 군사 지원을 얻은 이라크가 대량의 화학무기를 사용해 5천 명의 쿠르드족을 학살했다. 이 사건은 이 국경 근처의 마을 이름을 따 '할라브자 사건'으로 불린다. 이 사건을 비롯해 이라크의 군사 작전에 의해 학살된 쿠르드족은 15만~20만 명이 넘는 것으로 추정된다.

탄압받는 터키의 쿠르드족

강압적 동화 정책과 격화되는 독립운동 │ 터키는 쿠르드족이 가장 많이 거주하고 있는(1천5백만 명) 국가이다. 이 나라의 쿠르드족은 가장 가혹한 운명을 겪고 있는지도 모른다. 1980년 군사 쿠데타가 발발해 정권이 교체되고 3년 후 쿠데타 최고책임자 케난 에브렌이 대통

대량의 화학무기가 빚은 할라브자의 비극

이란-이라크 전쟁 말기인 1988년 이란, 이라크 양군의 포격이 잇따르는 가운데 이라크 북부의 쿠르드족 마을 할라브자가 이라크군의 독가스 공격을 받아 주민 5천 명이 몰살당하는 사건이 발생했다. 할라브자의 쿠르드족 주민이 이란군을 지원했다는 이유로 이라크군이 대량의 화학무기를 사용한 것이다.

사실 이라크군의 화학무기 사용은 그후로도 계속된 쿠르드족 평정(平定) 작전의 일환이자, 이라크 국내의 쿠르드족을 표적으로 한 민족정화정책이라고도 부를 수 있는 것이었다. 이 반 년간에 걸친 작전에 의한 사망자는 5만에서 10만 명에 이르는 것으로 알려져 있다.

더구나 포격 후의 철저한 파괴로 20만에서 25만 명의 쿠르드족 난민이 이란과 터키로 유입되었다. 터키 정부는 이들을 받아들이기를 거부하고 이라크로 강제 송환하려 해 EC(유럽공동체)를 비롯한 국제 사회의 비난을 받게 되었다. 그후 터키는 어쩔 수 없이 이들의 입국을 받아들였으나 국제법상의 난민 지위를 부여하지 않고 북이라크로부터의 월경자로 취급하여 '일시적 피난 캠프'에 수용하고 군의 감시하에 두었다. 이란 또한 난민 캠프와의 접촉을 제한했다.

쿠르드족 난민의 실태는 국제 사회에 잘 드러나지 않은 것이 사실이다. 쿠르드족이 '쿠르드의 히로시마·나가사키'라고 부르는 할라브자 사건도 널리 알려졌다고는 하기 힘들다.

그 배경에 당시 서구와 이라크 간의 정치 경제적 밀월관계가 작용했음은 부정할 수 없는 사실이다. 미국은 이란-이라크 전쟁 동안 이란이 주창하는 이슬람 혁명의 확산을 막기 위한 방파제로서 이라크를 지원했다. 할라브자 사건 이후에도 미국은 이라크에 대한 지원액을 늘렸고, 영국도 마찬가지로 이라크에 대한 수출을 확대했다. 독일도 화학무기 제조와 관련된 원료와 설비를 수출했다. 할라브자 사건 다음해 이라크의 수도 바그다드에서 열린 국제 무기견본시장에는 영국, 프랑스, 이탈리아, 그리스, 포르투갈, 터키, 당시의 동유럽 국가들, 라틴아메리카 국가들이 참가했다.

무기시장에 참가한 국가들에게 비참한 전쟁터는 무기소비시장에 지나지 않았다. 서구는 이렇게 이 사건에 침묵했던 것이다.

령에 취임하자 쿠르드어 사용 금지 등 쿠르드족에 대한 강압적인 동화 정책이 시행되었다.

그런 가운데 쿠르드 노동자당(PKK)은 터키에 대한 무장투쟁을 개시했다. PKK는 1970년대에 당시 앙카라 대학의 학생이었던 압둘라 오잘란을 중심으로 쿠르드족의 민족 정체성 확립과 쿠르디스탄의 독립을 호소하며 결성된 조직이다. 군정하의 터키에서 행해진 과격파 사냥으로 약 2천 명이 체포되었다. 체포를 피할 수 있었던 PKK 일원은 이라크, 시리아, 레바논에서 조직의 재건을 도모했다.

한편 터키 정부는 쿠르드족 민병대를 조직하여 '쿠르드족에 의한 쿠르드족의 평정'을 노렸다. 이 민병대는 부족 단위로 조직되었는데 때로는 일반 범죄자나 마피아까지도 포함한 것으로 알려져 있다. 이로 인해 마을 단위의 집단 구금, 고문 사건이 빈번하게 발생했다. 이것이 오히려 쿠르드족의 민족의식을 고취시켰고 1990년대에는 도시에서도 PKK와 치안부대의 충돌이 빈번하게 일어났다.

한편 쿠르드족의 합법 정당이 결성되어 의회에서 쿠르드족 문제를 제기하고 민족적 권리의 보장을 요구하기도 했다. 또 신문 창간이 잇달았고 유럽에서는 터키에서 망명한 쿠르드족에 의한 독자적인 위성 방송도 개국되었다.

1991년에는 당시 오자르 대통령이 쿠르드어의 부분 해금 조치를 내렸다. 이 시기 쿠르드족 여성으로서 처음으로 터키 국회의원에 선출된 이가 레이라 자나였다.

1993년 PKK는 터키 정부에 정전을 선언하며 대화를 요구하고 나

섰다. 이로 인해 약 1개월간 정전이 실현된다. 그러나 오자르 대통령의 갑작스런 사망과 PKK 내부의 정전 반대파에 의한 전투 재개로 정치적 해결의 움직임은 중단된다. 레이라 자나 또한 국회의원 직위를 박탈당하고 체포되었다.

군부는 PKK 지지가 의심되는 농촌 마을에서 쿠르드족을 강제 이주시키고 마을을 파괴했다. 이것이 이른바 '무인화(無人化) 정책'이라고 불리는 것이다. 이렇게 무인화된 마을은 무려 3천 개가 넘는다고 한다. 또한 도시에서도 쿠르드족 정당 탄압과 신문에 대한 폐간 명령, 쿠르드족 국회의원의 체포와 투옥, 활동가와 저널리스트의 유괴 및 암살이 계속되었다.

이런 상황에서 PKK의 세력은 터키 국내를 넘어 북이라크로 확대된다. 게릴라 기지는 늘어나고 무력투쟁은 거세진다.

터키의 동향이 해결의 열쇠가 될 것인가? 1999년, PKK의 지도자 오잘란이 케냐에서 체포되어 터키로 강제 송환된다. 그는 시리아의 지배하에 있던 레바논의 베카 고원으로 피신해 PKK를 지휘하다가 미국, 이라크, 터키, 시리아의 합의에 따른 시리아의 추격을 3개월 동안 피해다니던 중이었다.

이 사건에 항의하는 유럽의 쿠르드족들이 그리스 대사관, 영사관, 유엔 시설 등 이십여 군데를 점거해 서방 언론의 주목을 받았다. 이후 터키 영내를 시작으로 쿠르디스탄 전역에서도 농성이 대규모로 전개되었다.

오잘란은 이스탄불 북부 앞바다 임랄리 섬의 형무소에 수감되어 있다. 그곳은 수많은 활동가들이 국가반역죄로 판결을 받아 처형된 곳이다. 오잘란은 서구인권재판소에 판결의 부당성을 주장하는 한편, 옥중에서 PKK 지도부와 게릴라들에게 무장투쟁 포기와 터키 영토로부터의 철수를 지시했다. 그리고 실제로 게릴라 부대는 터키에

첫 터키 쿠르드족 여성 국회의원

1961년 터키 남동부 최대 도시 디야르바키르에서 태어난 레이라 자나는 쿠르드인에 의한 첫 전국판 주간지와 일간지 '예니 우르케'(새로운 나라. 1990년~)의 창간에 참여한 기자이다.

쿠르드족 문제를 집중적으로 다루는 '예니 우르케'의 발행부수는 3만~4만 부로, 그 영향력을 두려워한 터키 정부는 발행 금지 처분과 기자 및 편집자의 체포를 수차례 반복해왔다.

1991년 터키 의회 총선거에 입후보한 레이라는 군과 경찰의 폭력적인 선거 방해에도 불구하고 압도적인 표차로 국회의원에 당선되었으나, 3년 후 국회의원 지위와 불체포특권을 박탈당하고 체포되었다. 본회의의 의원 선서에서 공용어가 아닌 쿠르드어를 사용한 것은 헌법 위반이자 국가반역죄에 해당한다는 것이 그 이유였다.

1996년에는 사하로프 평화상을 수상했으며, 수상식에는 옥중의 레이라를 대신해서 아버지 메흐디(1970년대 후반에 처음으로 쿠르드족의 민족 정체성 확립을 모토로 내걸고 등장했던 디야르바키르 시장. 그후 해임과 투옥을 반복해 총 15년간의 옥중생활을 했다)가 대리로 참석했다. 이 외에도 국제적인 평화상을 여럿 수상했고 노벨 평화상 최종 후보로 추대되기도 했다. 현재 그녀는 앙카라 중금고형무소에 수감중이다.

레이라 자나의 투옥은 버마의 아웅산 수지의 경우와 비슷한 점이 많다. 대화에 의한 분쟁의 평화적 해결을 내외에 호소한 점부터 그러한 활동 자체가 범죄시된 점, 또 국가의 일체성과 사회 질서를 해친다는 이유로 탄압을 받은 점 등이 그러하다.

서 이라크, 이란 영내로 철수하고 있다. 그는 독립 요구를 포기하고 '터키 공화국의 민주화'와 쿠르드 민족 인정, 쿠르드 문화의 존중, 쿠르드어의 전면 해금(쿠르드어에 의한 교육과 방송 허용), PKK의 합법화 등을 호소했다. 변절이라고도 볼 수 있는 오잘란의 노선 변경으로 쿠르드 민중 사이에 동요와 균열이 일어났다. 쿠르디스탄 산중에서는 소수지만 의장의 지시를 거부하고 게릴라 활동을 계속하는 부대도 존재하고 있다.

한편 터키 정부와 군대는 테러리스트와의 협상은 있을 수 없으며 조국의 분열을 의미하는 쿠르드족은 인정할 수 없다며 쿠르드족 합법정당과 인권단체, 출판계에 대한 탄압을 계속하고 있다.

그러나 새로운 움직임도 일어나고 있다. 2002년 8월 터키 국회가 '사형 제도의 원칙 폐지' '쿠르드어 방송 해금' '쿠르드어와 방언에 의한 교육 용인' '국가기관 비판에 대한 벌칙 철폐' 등의 개혁안을 일괄 성립시켰고, 나아가 10월에는 국가치안재판소가 오잘란의 형을 사형에서 종신형으로 감형했다.

이러한 정책 변화의 배경에는 터키 정부의 EU(유럽연합) 가입에 대한 강한 의욕과 EU 측의 외압이 작용했다. 민주적 통치의 실시 여부가 EU 가입 기준이 되고 있으며, 먼저 가입 협상에 들어간 중동 국가들도 사형 제도 폐지와 사법 제도의 개혁을 진행하고 있는 상황이다. 이렇게 'EU 가입'이라는 변수가 터키의 쿠르드족 문제 해결의 실마리가 될 가능성도 생겨나고 있다(유럽연합 집행위원회는 2003년 11월 5일 폴란드, 헝가리, 키프로스, 체코, 에스토니아, 라트비아, 리투아니아, 슬로바키아, 몰타, 슬로베니아 등 10개국의 신규 가입을 공식 승인함으로써 회원국 수가 15개국에서 25개국으로 늘어나게 되었다. 터키에 대해서는 2004년 12월로 예정된 차기 정상회담에서 가입 문제를 논

의할 예정이다—옮긴이).

　가장 많은 쿠르드족이 살고 있고, 쿠르드족의 민족자결에 대한 요구가 다른 나라에 비해 훨씬 강한 터키의 동향이야말로 쿠르드족 문제 해결의 열쇠임은 틀림없는 사실이다.

걸프 전쟁과 그후
세계가 주목하는 이라크의 동향과 미국의 결의

》이라크 VS. 쿠웨이트 · 미국 《

1990년 8월 2일 **이라크가 쿠웨이트를 침공**하여 전 국토를 점령. 8월 6일 유엔 안전보장이사회가 이라크에 대한 경제 제재를 결의

1991년 1월 미국을 중심으로 한 다국적군이 폭격을 개시, **걸프 전쟁 발발**. 2월 다국적군이 지상군을 투입, 약 100시간 만에 이라크가 패배하고 쿠웨이트에서 철수

1996년 4월 반정부운동을 계속하는 **쿠르드족 거주 지역에 이라크군이 침공**, 이에 미국이 이라크를 폭격

1998년 이라크가 유엔의 대량살상무기 사찰을 거부. 그 대응 조치로 미국과 영국이 **이라크를 폭격**

2002년 1월, 미국 부시 대통령이 의회의 기본방침 연설에서 이라크를 테러 조직을 지원하는 **'악의 축'으로 규정**

2002년 9월 부시 대통령이 유엔 총회에서 이라크 공격의 정당성을 호소

2002년 9월 이라크가 유엔의 **사찰을 무조건적으로 수용**할 의사를 표명

2002년 10월 미 의회가 대통령에게 이라크 공격의 권한을 부여하는 결의를 채택

2003년 3월 20일 미국, 이라크 공격 선언. 2시간 만에 바그다드 미사일 공격

2003년 5월 1일 전쟁 종결 선언, 선언 후에도 전쟁에 버금가는 게릴라전이 전개됨

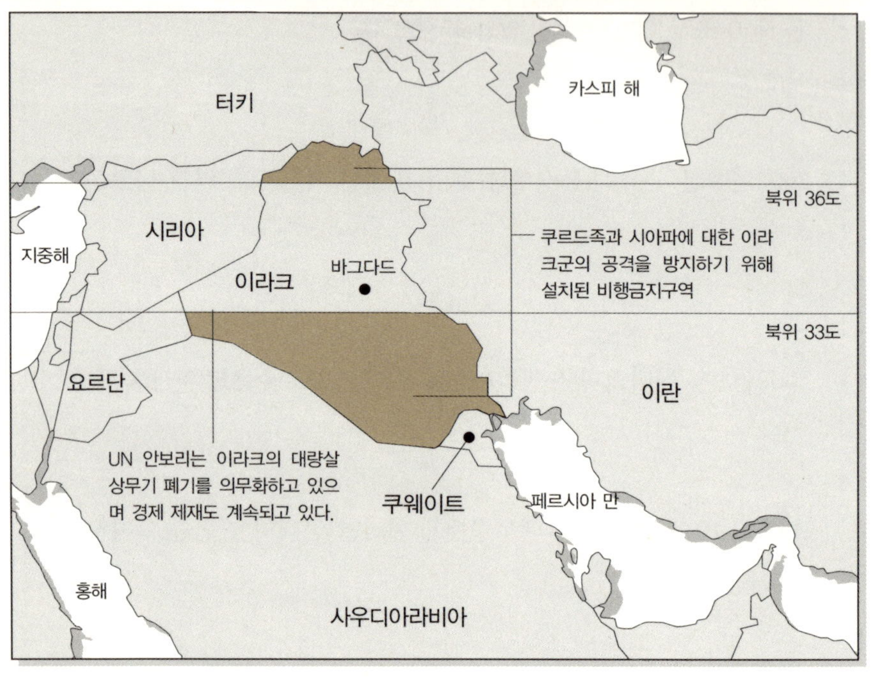

피폐한 이라크 경제가 걸프 전쟁의 발단

부유한 쿠웨이트로의 침공 1990년 8월 2일, 이라크가 쿠웨이트를 침공했다. 1980년대 이란과 전쟁(이란-이라크 전쟁)을 계속했던 이라크가 과도한 전쟁 비용으로 인한 경제난을 해결하기 위해 부유한 인접 국가인 쿠웨이트를 병합하고자 했던 것이다.

같은 날 유엔 안전보장이사회는 이라크의 전면 철수를 요구하는 결의안을 채택하고 이어 8월 6일 이라크에 대한 전면적인 수출 금지를 전 회원국에게 요청하는 경제 제재를 결의했다. 그러나 이라크의 사담 후세인 대통령은 8월 8일 쿠웨이트를 이라크의 19번째 주로 편입한다고 선언했다.

그후로도 이라크는 쿠웨이트로부터의 철수를 거부했다. 결국 1991년 1월 17일 미국을 중심으로 한 다국적군이 이라크에 대한 대규모 폭격을 개시, 걸프 전쟁이 발발했다.

다국적군은 '사막의 폭풍(desert storm)'으로 이름 붙여진 작전을 통해 이라크 군사시설을 최첨단 무기로 정밀 폭격했으며, 또 그 모습을 텔레비전으로 방송하는 등 새로운 전쟁의 양상을 전세계에 전했다. 1개월 이상이나 계속된 폭격 후 2월 24일 다국적군이 지상군을 투입하자 이라크군은 약 100시간 만에 패배, 쿠웨이트에서 철수했다.

경제 제재와 비행금지구역 1991년 4월, 이라크는 걸프 전쟁의 정전을 선언하고 유엔 안전보장이사회의 전후 처리 문제 결의를 수용했다. 이 결의는 이라크의 경제 제재를 해제하는 조건으로 대량살상무기(생물무기, 화학무기, 핵무기, 탄도미사일 등)를 국제적인 감시하에 폐기할 것 등의 안을 포함한다.

이라크의 쿠웨이트 침공 직후에 시작된 경제 제재는 1996년에 인도적 배려로 일부가 해제된 것을 제외하고는 2002년 현재까지 계속되고 있다. 당초 경제 제재는 이라크에 쿠웨이트로부터의 철수를 요구하기 위한 것이었으나 국제 사회, 특히 후세인 대통령을 위험한 존재로 여기는 미국에게는 후세인 대통령을 압박하기 위한 수단으로 활용되었다.

또한 걸프 전쟁 직후 이라크 국내에서는 북부의 쿠르드족과 남부의 이슬람 시아파 세력이 반란을 일으켰고 북부에서 다수의 쿠르드족 난민이 발생했다.

유엔 안전보장이사회는 이라크에 대해 쿠르드족 탄압 중지를 요구했으며, 미국, 영국, 프랑스는 이라크 국내의 북위 36도 북쪽과 32도 남쪽을 비행금지구역으로 설정하고 쿠르드족 난민 보호 및 이라크군의 공격 방지를 위한 감시활동을 시작했다. 이라크 북부는 이때 유엔에 의해 쿠르드족 자치구로 지정되었다.

핵무기 개발에 대한 위기감과 끝나지 않는 걸프 전쟁

계속되는 충돌 이라크는 비행금지구역 설정을 주권 침해라고 주장하며 정찰기를 공격했다. 이에 대응해 미국과 영국이 이라크의 군사

시설을 폭격하는 등 단속적인 충돌이 계속되었다.

1996년에는 쿠르드족 내부의 세력 다툼에 이라크가 군사적으로 개입했다. 미국은 이에 대한 제재조치로서 이라크의 군사시설을 공격했으며, 남측 비행금지구역을 북위 32도에서 33도까지 확대했다.

1998년 말에는 유엔 대량살상무기 폐기 특별위원회(SCOM)의 활동을 방해했다는 이유로 미국과 영국이 이라크를 수일간 대규모 폭격했다. 그러나 유엔 SCOM의 활동은 현재까지 재개되지 못하고 있다.

2001년에는 미국이 비행금지구역에서의 이라크의 공격에 대한 자위조치로서 이라크의 수도 바그다드 근교의 군사시설 등을 공격하였다. 이는 부시 정권이 들어선 후의 첫 대규모 폭격으로 국제적인 주목을 받았다.

강경 자세를 고수하는 미국과 영국에 대해 러시아와 프랑스는 경제 제재의 조기 해제를 주장했으나, 2001년 9·11 테러 이후 미국은 핵무기 등 이라크의 대량살상무기 개발에 위기감을 키우고 있다.

미국의 이라크 공격이 초읽기 단계로? 2002년 1월, 부시 대통령은 의회 연설에서 이라크, 이란, 북한 세 나라를 대량살상무기를 개발하고 테러리스트를 지원하는 '악의 축'으로 비난했다. 또한 9월에는 유엔 총회 연설에서 이라크가 걸프 전쟁 후 10년간 유엔 결의를 무시한 채 대량살상무기를 개발하고 테러리스트의 활동을 지원하고 있다고

초강대국 미국의 이라크 침공

2002년 10월 15일 이라크의 사담 후세인은 7년 임기의 대통령 국민투표를 실시하고 100% 투표와 100% 지지로 당선된다. 2003년 2월 미국, 영국, 스페인은 유엔 안보리에 이라크 침공 승인을 요구하는 결의안을 제출하고, 3월 부시 대통령은 이라크 공격을 선언한다. 결국 3월 20일 최후통첩을 보낸 2시간 만에 바그다드를 미사일 공격하고 다음날 바그다드를 향해 '충격과 공포 작전'을 펼치며 지상전을 전개하기 시작한다. 미국에 대한 '성전'을 선언한 이슬람 국가들이 이라크로 속속 몰려드는 가운데 곳곳에서 이라크 군대의 반격을 받으면서도 미영 연합군은 진군한다. 4월 10일 바그다드가 함락되고 5월 1일 미국의 부시 대통령에 의해 전쟁 종결이 선언된다. '전쟁 승리'를 선언했음에도 이라크 곳곳에서 전쟁을 방불케 하는 게릴라전이 펼쳐지고 미군을 상대로 한 자폭공격이 이어졌다. 미국은 결국 11월 13일 '강철 망치 작전'으로 명명된 공습을 재개하며 사실상 전쟁 상황에 돌입했다. 12월 13일에는 사담 후세인 대통령이 체포되면서 사후 처리를 남겨놓은 상황이다.

이라크 전쟁은 초강대국 미국의 면모를 과시함으로써 새로운 세계사의 전개를 예고한다. 미국의 이라크 침공은 '방어를 위한 전쟁'으로서 유엔의 결의를 얻지 못한 상황에서 강행된 것이다. 후세인 전 이라크 대통령이 치명적 무기를 숨기고 있으며 이것이 미국의 개전 명분이 되었지만 점령 후 '대량살상무기'를 어디서도 발견하지 못했기 때문에 '명분 없는 전쟁'에 대한 전세계적 반대가 높아갔다. 영국, 스페인, 일본, 호주 등은 지지 결정과 달리 국내의 반전운동에 곤혹을 치렀으며 미국 내의 여론도 점점 나빠져갔다.

미국이 이라크를 침공한 것을 틈타 이스라엘이 팔레스타인을 공격하기도 했으며, 터키는 이라크 내에서 미군의 편에 선 쿠르드족의 도발이 국내에까지 영향을 끼칠 것이라고 생각해 이라크 국경 지대로 파병을 하려 하지만 미국의 저지로 이루어지지 못했다.

미국이 이라크 내 석유 자원에 대한 우선권을 확보하고 아랍에 대한 패권을 차지하기 위해서 전쟁을 일으켰다는 것이 대체적인 분석이다. 유럽 역시 미국의 일방적 승리가 가져올 독점을 우려하여 전쟁 후 복구 작업에는 참여하겠다는 의견을 밝히는 등 견제에 나섰다.

한국은 이라크 파병 지원(자이툰 부대)을 결의하고 3천5백여 명의 지원자를 모집했다. 한국군은 평화 재건 임무를 맡아 2004년 4월 초 선발대가 우선 키르쿠크로 가며 4월 말 본대가 파병될 예정이다. (옮긴이)

비난하며 이라크 공격의 정당성을 호소했다. 이라크는 부시 대통령
의 연설을 비난하는 한편 유엔의 무기사찰을 무조건적으로 수용할
뜻을 밝혔다.

　미국은 유엔과의 대립을 남겨둔 채 이라크 공격을 감행할 것인가.
새로운 유엔 결의의 채택을 기다려 공격을 개시할 것이라는 견해도
있다. 어쨌든 부시 대통령의 목적은 어디까지나 후세인 정권의 타도
에 있다는 사실은 분명하다.

키프로스 분쟁
터키와 그리스가 얽혀
섬을 분단한 국민의 대립

》키프로스 공화국·그리스 VS. 북키프로스 터키 공화국·터키《

1830년대 **에노시스 운동(그리스 본토로의 통합운동)**이 활발하게 일어남

1947년 트루먼 선언에 의해 **반공 기지**로서의 키프로스의 중요성이 높아짐

1960년 **키프로스 공화국 독립**

1963년 마카리오스 대통령이 터키계 주민의 권리를 제한하는 헌법 개정안을 제출. 이에 반발한 **터키계 주민이 무력봉기**. 1964년부터 유엔 평화유지군에 의한 정전 감시가 시작됨

1974년 그리스 군부의 지원에 의한 **군사 쿠데타**로 마카리오스 대통령

실각. 터키군이 섬 북부를 점령하여 **국가 분단이 고착화**. 중심 도시 니코시아도 벽과 철조망으로 남북 분단

1983년 **북키프로스 터키 공화국 독립 선언**, 터키만이 인정

1997년 키프로스 공화국이 러시아와 지대공 미사일 구입 계약을 체결하고 EU 가입 교섭을 추진하여 터키를 자극, 상대국 외교관 추방 대결이 이어짐

2002년 키프로스 공화국의 **EU 가입 승인**, 2004년 EU **정식 가입 예정**

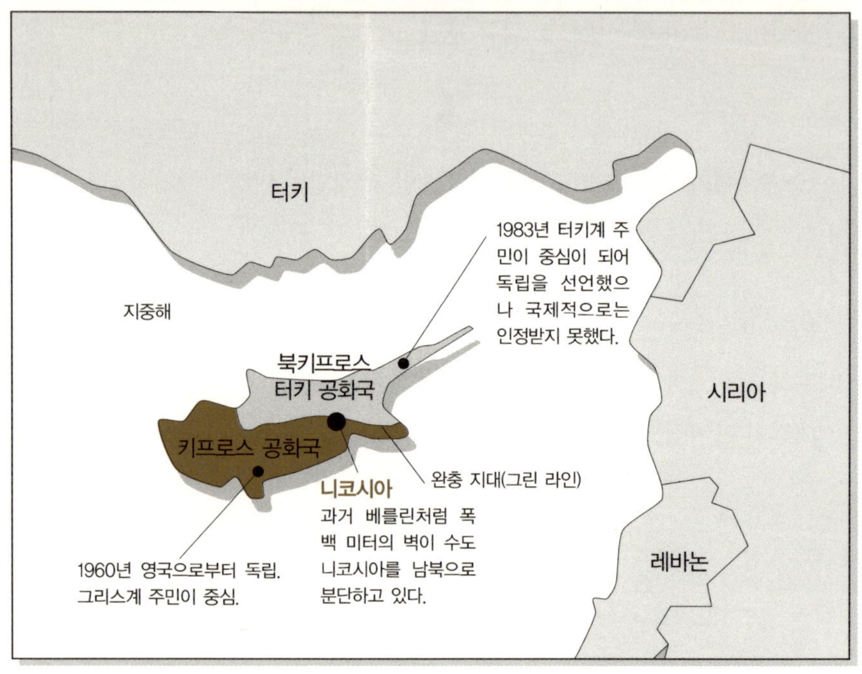

주변 강국에게 희롱당해온 키프로스 섬

지중해에서 세번째로 큰 섬 키프로스 섬은 시칠리아와 사르데냐에 이어 지중해에서 세번째로 큰 섬으로, 지중해 동부 터키 남쪽에 위치한다. 기원전 3000년경에 이미 도시국가가 번성했으며, 기원전 13세기에는 페니키아인의 지배 아래 해상무역의 거점으로 번영을 누렸다.

그러나 기원후부터는 차례로 그리스, 로마 제국, 오스만 투르크, 19세기 말에는 영국이라는 강대국의 지배하에 놓였다.

그리스정교도인 그리스계 주민과 이슬람교 수니파인 터키계 주민이 혼재하게 된 것은 16세기 오스만 투르크 시대부터였다. 각각의 모국인 그리스와 터키의 불화는 뿌리깊은 것이었지만, 19세기 전반까지 섬 주민간의 대립은 표면화되지 않았고, 두 민족은 공존을 유지하고 있었다.

키프로스 독립을 향한 에노시스 운동

1830년, 10년에 걸친 전쟁 끝에 그리스가 터키로부터 독립을 쟁취하자 키프로스 섬의 그리스계 주민 사이에서 그리스 본토와의 통합을 목표로 하는 에노시스(enosis, 그리스어로 '합체'를 뜻함) 운동이 일어났다. 1878년 영국령이 된 이후에는 반영 민족운동이 일어났으며, 1955년 영국이 수에즈 주둔군의 기능을 키프로스로 옮긴 것을 계기로 에노시스 운동이 다시 격화되었다. 급진파인 키프로스 민족해방 조직(EOKA)은 영국군과 터키계 주민에 대해 격렬한 테러 공격을 감행했다. 1960년에는 그리스정교회 대주교였던 마카리오스 3세가 대통령에 취임하고 키프로스 공화국으로 독립, 유엔에 가입했다.

그리스계 주민과 터키계 주민의 대립 : 1963년 마카리오스 대통령이 터키계 주민의 권리를 제한하는 헌법 개정을 시사하자 터키계 주민이 키프로스 공화국으로부터의 분리독립을 요구, 내전이 발발했다. 유엔 안전보장이사회는 1964년 키프로스에 평화유지군을 파병했다.

1973년 그리스 본토에서 쿠데타가 일어나 군사정권이 수립되었는데 1974년 이 군사정권의 지원을 받은 EOKA가 군사 쿠데타를 일으켜 마카리오스 대통령을 추방했다. 터키는 즉시 터키계 주민의 보호를 이유로 파병, 섬의 북부를 점령하고 1975년 키프로스-터키 연방의 수립을 선언한다. 이에 따라 북부는 터키계, 남부는 그리스계로 나누어져 주민의 3분의 1이 난민이 되었다. 1983년에는 터키계 주민이 '북키프로스 터키 공화국'의 독립을 선언했으나 터키만이 이를 승인할 뿐, 유엔 안전보장이사회는 이를 인정하지 않았다.

그리스와 터키의 대리전

EU 가입이 터키를 자극 : 남부의 키프로스 공화국과 북부의 북키프로스 터키 공화국 사이에는 1964년부터 현재까지 정전 감시를 위해 유엔 키프로스 평화유지군(FICYP)이 진주해 있다(2003년 11월 12개국이 파병한 1천2백30명의 다목적 평화유지군이 주둔하고 있으며 이중에는 한국군 역시 포함되어 있다—옮긴이). 인구 비율은 키프로스 공화국이 77%(65만 명), 북키프로스 터키 공화국이 18%(15만 명)이며, 점유 면적은 키프로스 공화국이 63%, 북키프로스 터키 공화국이 37%이다.

이 두 나라를 나누는 폭 백 미터의 벽이 완충 지대(그린 라인)로서 동서로 가로놓여 있으며, 수도 니코시아(터키명 레프코샤)도 남북으로 분단되어 있다. 북키프로스에 주둔하고 있는 터키군에 대응해 그리스군이 키프로스 공화국을 전면적으로 지원, 1996년에 완충 지대에서 분쟁이 일어났다. 1998년에는 그리스군과 터키군이 키프로스에 전투기를 발진시켜 일촉즉발의 사태가 일어나기도 했다. 러시아와 지대공 미사일 구입 계약을 맺은 키프로스 공화국이 미사일의 국내 배치를 그리스 크레타 섬으로 변경해 사태를 수습했다.

이러한 가운데 키프로스 공화국은 EU 가입을 추진하여 2004년 가입 승인이 예정되어 있다. 터키는 EU 가입이 벽에 부딪혀 키프로스 공화국보다 승인이 늦어질 것이 확실시된다. 이 사실이 또한 '북키프로스'와 터키를 자극하고 있다.

분쟁 해결에 이르는 먼 길 | 키프로스는 19세기 말부터 20세기 중반까지 영국의 통치하에서 주민간 대립이 의도적으로 조장되어왔다. 제2차 세계대전 후에는 미국에 의해(트루먼 선언) 터키와 그리스의 공산화를 저지하는 거점으로 이용되었으며, 1990년대 후반 이후부

터는 인접한 이라크, 이란에 대한 전진기지로서 중요성이 한층 높아지고 있다. 미국은 터키, 그리스 양국에 군사기지를 두고 거액의 군사·경제적 원조를 계속하고 있다. 또한 유엔의 중개에 의해 평화교섭이 진행되었으나 남쪽은 연방제 국가를, 북쪽은 대등한 주권국가 간의 국가연합을 주장하여 타협점을 찾지 못한 채 오늘에 이르고 있다. 그리스계 주민의 귀환 문제와 재산 반환 문제에 대해서도 양국간의 차이가 크다.

2002년 일반교서 연설에서 부시 대통령은 이란, 이라크, 북한을 지명해 대량살상무기를 개발하고 테러를 지원하는 '불량 국가'이자 '악의 축'이라고 부르고 이들 세 나라의 위협을 제거해나가겠다고 밝혔다.

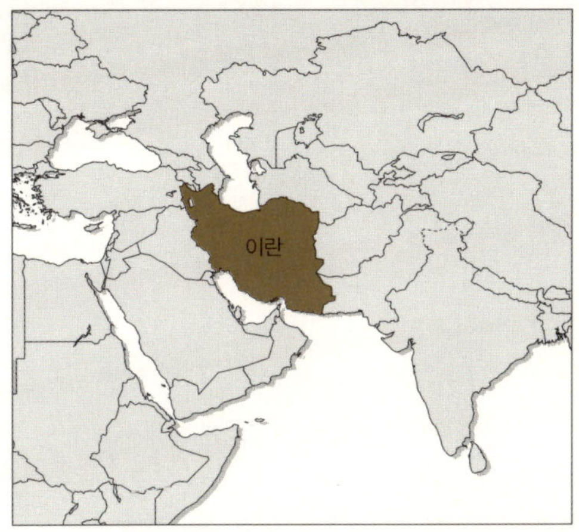

이란은 하타미 정권 이래 국제 협력을 계속해왔으며, 아프가니스탄 탈레반 정권에 대한 군사작전에도 참가하여 미국의 알 카에다 정벌에 실질적으로 협력하기도 했다. 이렇게 미국과의 관계 개선이 진행되는 것으로 보였던 이란이 왜 미국의 '대 테러 전쟁'의 대상으로 지목된 것일까?

미국의 이러한 변화의 배경에는 이스라엘의 입김이 작용한 것으로 알려져 있다. 이란은 국제 사회와 우호적인 관계를 유지해왔으나, 팔레스타인 자치구에 대해서는 군사행동을 계속하고 있어 이스라엘 최대의 반대 세력이라는 사실에는 변함이 없다. 이란이 미국의 대 테러 전쟁의 대상으로 지목됨으로써 미국과 이스라엘은 서로 적을 공유하고 이해관계를 일치시킬 수 있었다.

그러나 '악의 축' 연설에서 밝혀진 정책 전환은 이란을 '반테러' 군사행동의 직접적인 대상으로 규정한다는 의미라기보다 일종의 경고 메시지로서 이란 측의 정책 전환을 촉구하는 의미가 강한 것으로 지적되고 있다.

그 직접적인 영향으로서는 현재 이란에 대해 미국이 가하고 있는 직간접적인 각종 제재조치(군사 · 기술 이전 및 대형 경제투자 금지 등)의 강화 등이 예상된다.

2장

서아시아 · 동남아시아 지역의 분쟁

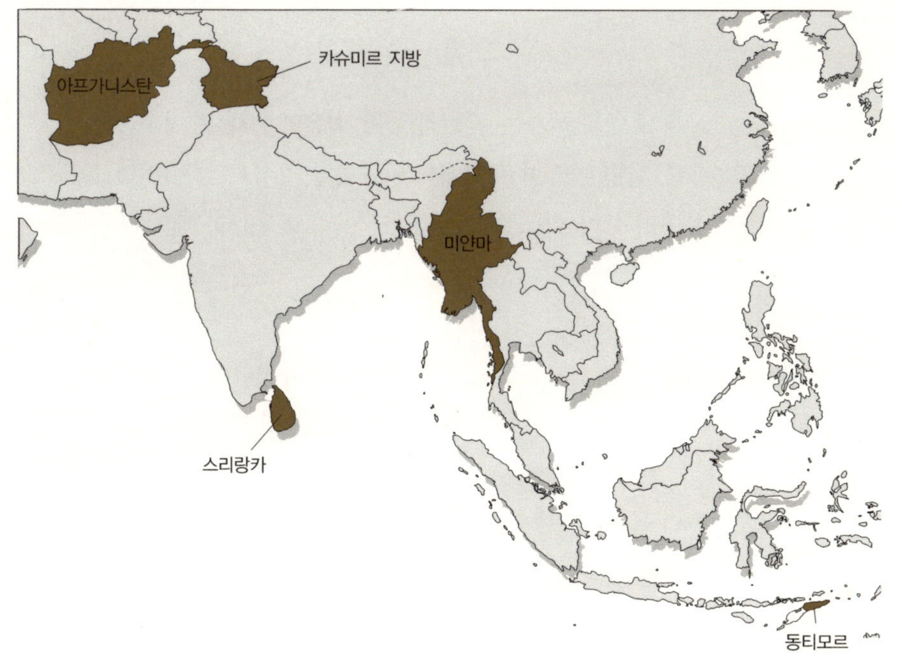

아프가니스탄 분쟁
녹색의 대지 아프가니스탄은 왜 황폐해졌는가?

》탈레반 VS. 북부동맹 · 미국《

1979년 남쪽 지역에 대한 영향력 확대를 목적으로 **소련이 아프가니스탄을 침공**. 소련군에 대항해 이슬람 세력의 **게릴라전**이 시작됨

1981년 미국은 소련과 싸우는 게릴라들을 '**자유의 전사**'로 칭하고 군사적으로 지원. 한편 이슬람 세계에서 이슬람을 지키는 성전(지하드)을 위한 의용병이 모여 스스로를 '**무자헤딘**'이라고 부름

1989년 소련군 철수, 1992년 친소정권 붕괴. 무자헤딘에 의한 **연립정권이 탄생**했으나 각 파의 세력 다툼에 의해 새로운 내전으로 돌입

1994년 **탈레반 등장**. 이후 급속하게 세력을 확대해 1998년경 북부동맹 지배 지역을 제외한 국내 대부분의 지역을 지배

1998년 케냐와 탄자니아의 미국 대사관이 폭파되는 **테러 사건이 발생**. 미국은 오사마 빈 라덴을 주모자로 지목하고 그의 활동 거점인 **아프가니스탄과 수단을 폭격**

2001년 **9·11 테러 발생**. 미국은 오사마 빈 라덴을 테러 주모자로 단정하고 탈레반에게 신병 인도를 요청했으나, 탈레반이 이를 거부. 미국이 아프가니스탄을 공격해 **탈레반은 패주**

2002년 6월 아프가니스탄에서 긴급 **로야 지르가**(국민대회의)가 개최되어 과도정부 발족. 그러나 각 민족간 세력 다툼 등으로 인해 평화 과정을 예단할 수 없는 상황

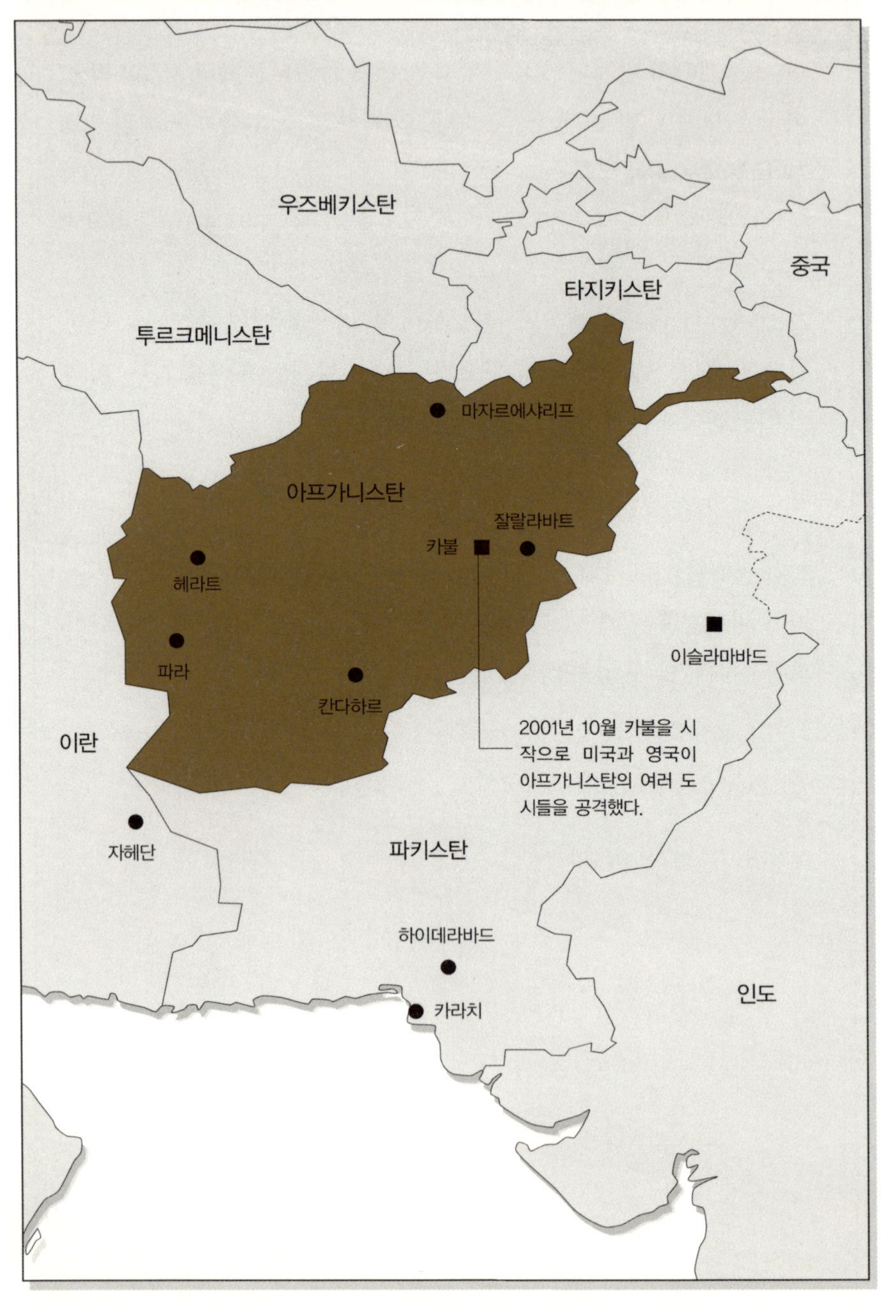
우즈베키스탄
중국
타지키스탄
투르크메니스탄
마자르에샤리프
아프가니스탄
잘랄라바트
카불
헤라트
이슬라마바드
파라
칸다하르
2001년 10월 카불을 시
작으로 미국과 영국이
아프가니스탄의 여러 도
시들을 공격했다.
이란
파키스탄
자헤단
하이데라바드
카라치
인도

학생을 중심으로 한 탈레반 정권의 탄생과 붕괴

미국의 공격으로 탈레반 정권이 붕괴 2001년 3월, 아프가니스탄의
탈레반 정권은 국제적인 비난에도 불구하고 역사적인 문화유산인 바
미안 석불을 파괴했다. 당시 탈레반은 20년 이상 계속된 아프가니스
탄 내전의 승리자로서, 아프가니스탄 전 국토의 90%를 지배하고 있
었다. 그러나 2001년 9·11 테러의 주모자로 지목된 오사마 빈 라덴
을 숨기고 그의 신병 인도를 거부한다는 이유로 미국의 공격을 받아
붕괴되었다.

그후 탈레반과 대립하고 있던 북부동맹을 중심으로 임시정권이 수
립돼 평화를 향한 여정이 시작되었다. 그러나 이 북부동맹 역시 통일
된 세력은 아니다. 북부동맹은 탈레반 등장 이전에 서로 적대시하며
내전을 반복해왔던 세력들로 탈레반에 의해 축출된 이후 '반(反)탈
레반'을 기치로 결속한 것에 지나지 않는다.

임시정권 수립 후 5명의 부통령 중 1명이 암살되는 등 정권의 주도
권을 둘러싸고 이미 새로운 권력투쟁이 시작되고 있다.

탈레반은 왜 미국과 대립했는가? 탈레반은 1994년 이슬람교 지도자
인 오마르가 만든 그룹에서 시작되었다. 탈레반이란 '신학생들'이라
는 뜻으로 난민 캠프의 신학교에서 공부하는 학생들이 대다수를 이

2001년 10월 미국과 영국에 의한 공격

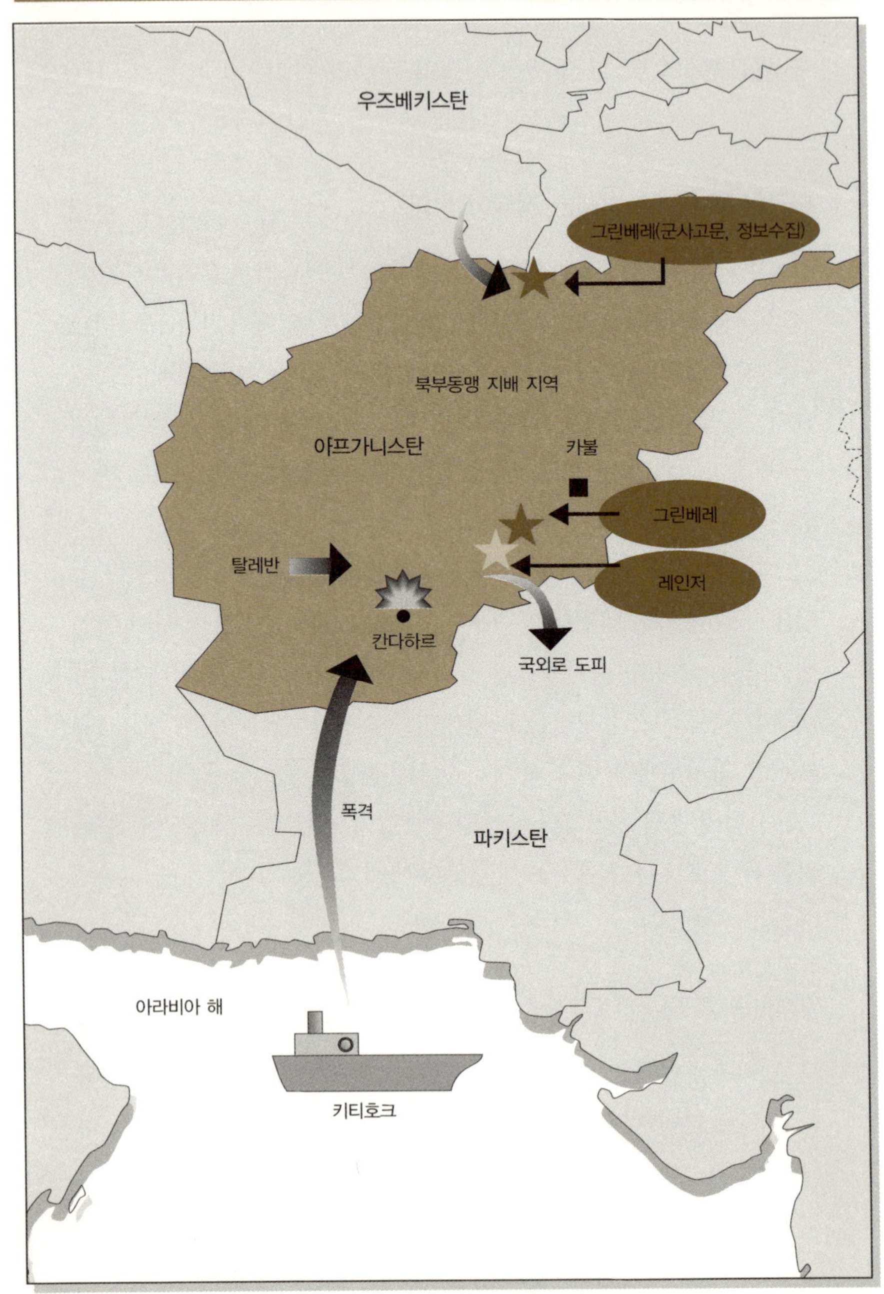

우즈베키스탄
그린베레(군사고문, 정보수집)
북부동맹 지배 지역
야프가니스탄
카불
그린베레
레인저
탈레반
칸다하르
국외로 도피
폭격
파키스탄
아라비아 해
키티호크

루었으며, 아프가니스탄에 대한 영향력을 확보하고자 한 인접 국가 파키스탄의 원조를 받아 세력을 확대했다. 1996년 9월 수도 카불을 제압하고 1998년 8월에는 북부동맹 측의 중요 거점이던 마자르에샤리프를 공략, 국토의 대부분을 지배하게 되었다.

이 시기 케냐와 탄자니아의 미국 대사관이 테러에 의해 폭파되는 사건이 발생했다. 미국은 테러의 배후로 오사마 빈 라덴을 지목하고, 그의 활동 거점인 아프가니스탄과 수단을 순항미사일로 공격했다.

1999년 10월, 유엔 안전보장이사회는 오사마 빈 라덴의 신병 인도를 요구하는 결의안을 채택했으나 탈레반 측은 이를 거부하고 미국과의 대립을 분명히 하며 국제적으로 고립되었다.

내전의 원인은 소련의 군사 개입

소련의 침공으로 친소련 정권 탄생 아프가니스탄은 제1차 세계대전 후인 1919년 자히르 샤 국왕이 지배하는 입헌군주제 국가로서 영국으로부터 독립했다. 제2차 세계대전 때는 중립을 유지했으나, 전후 서서히 소련의 영향력이 강해졌다. 미소 냉전 시기인 1973년 자히르 샤 국왕의 이탈리아 방문 도중 사촌인 다우드 전 총리가 소련의 지원을 등에 업고 쿠데타를 일으켰다. 다우드 총리는 스스로 대통령에 취임하며 군주제를 공화제로 이행한다. 자히르 샤 국왕은 이탈리아로 망명했다.

그후 권력 다툼이 계속되는 혼란을 틈 타 이슬람 세력에 의한 반정부 활동이 활발하게 일어났다.

1979년 소련은 '치안 회복'이라는 명분을 내걸고 아프가니스탄을 침공, 꼭두각시 정권인 카르말 정권을 수립한다. 이후 소련 주둔군에 대항하는 10만 명에 가까운 이슬람 세력의 게릴라전이 10년 가까이 계속되었다.

'악의 제국' 소련과의 싸움 | 미국을 비롯한 서방 국가들은 소련의 아프가니스탄 침공에 반발해 모스크바 올림픽(1980년)에 불참했다. 다음해인 1981년 '강한 미국의 회복'을 표방하면서 대통령에 취임한 레이건은 아프가니스탄의 게릴라를 악의 제국 소련과 싸우는 '자유의 전사'로 부르며 스팅어 미사일(휴대용 지대공 미사일) 등의 군사 지원을 아끼지 않았다.

한편 전세계의 이슬람교도에게 이는 단순한 전쟁이 아니라 러시아 정교의 침략에 대항하는 종교전쟁의 의미가 강했다. '이슬람교를 지키기 위한 성전(聖戰, 지하드)'을 치르는 전사들은 스스로를 '무자헤딘(성스러운 회교전사)'이라고 불렀다. 무자헤딘은 미국이 제공한 무기로 무장하고 미국과 협조한 파키스탄에서 군사 훈련을 받았다. 세계 각지의 이슬람교도가 의용병으로 참가했으며, 오사마 빈 라덴도 그중 한 명이었다.

결국 오사마 빈 라덴은
소련과 싸우기 위해 미국
이 기른 인물인 셈이다.
그들의 존재가 지금 미국
을 위협하고 있는 것은 역
사의 아이러니가 아닐 수
없다.

소련의 아프가니스탄 침공

무자헤딘 정권의 수립, 그리고 새로운 내전

경제 문제로 인해 철수한 소련군 소련은 최신예 무기로 무장했으나
산악 지대의 험준한 지형과 혹독한 겨울 기후 때문에 고전을 계속했
고, 전황은 고착 상태에 빠졌다.

오랫동안 계속된 전쟁으로 경제가 피폐해진 때 정권을 잡은 고르
바초프는 '페레스트로이카(개혁)'를 추진하면서 대미 강경 노선을
수정했다. 결국 소련은 1988년 유엔의 중재로 아프가니스탄과 평화
협정을 체결하고 다음해인 1989년 아프가니스탄에서 철수했다. 3년
후인 1992년에는 소련이 지원하고 있던 아프가니스탄 인민민주당

(공산당) 정권이 무너지고 1993년 1월 무자헤딘들의 연립정권이 수립되었다.

그러나 이 연립정권은 새로운 대립의 불씨가 되었다. 거기에는 아프가니스탄의 복잡한 국내 정세가 얽혀 있다.

예를 들어 대통령에 취임한 랍바니는 국내에서는 소수파인 타지크족으로 그 배후에 타지키스탄이 있으며, 총리로 취임한 헤크마티아르는 다수파인 파슈툰족으로 배후에 파슈툰족이 많은 파키스탄이 존재했다.

더구나 소련군 철수 후 인민민주당 정권이 붕괴하게 된 데에는 정부군의 유력자였던 도스탐 장군이 반정부 측으로 돌아선 것이 크게 작용했는데, 이 도스탐 장군은 우즈베크족이며 그 배후에는 우즈베키스탄이 있었다.

더구나 종교적으로는 이슬람교 수니파가 대다수를 점하는 가운데 시아파인 하자라족도 있었는데 그들은 같은 시아파인 이란으로부터 지원을 받고 있었다.

무자헤딘의 대립에 의한 내전 발발 내전의 발단은 랍바니 정권이 타지크족을 우대하는 정책을 취한 데 있었다. 파슈툰족인 헤크마티아르는 연립정권 내에서 세력을 확대할 수 없는 것을 알고 정권을 이탈, 수도 카불을 로켓포로 무차별 공격했다.

연립정권에서 지분을 획득하지 못한 우즈베크족의 도스탐 장군도 북부에 있는 자신의 지배 지역으로 돌아가 연립정권을 무시하고 그 지역을 통치하기 시작했다.

아프가니스탄은 이러한 무자헤딘의 대립으로 인해 분열되었고, 일찍이 성전사(聖戰士)로 불렸던 게릴라의 일부가 산적이 되는 경우도 있었다. 그들은 도로를 봉쇄하고 통행세를 받거나 약탈과 폭력을 일삼아 민중의 지지를 잃어갔다.

민중의 희망의 별, 탈레반의 등장

민중의 지지를 받은 탈레반 이렇게 내전과 게릴라의 횡포에 지친 민중 사이에서 희망의 별처럼 등장한 것이 탈레반이었다.

탈레반은 1994년경 이슬람교 지도자 오마르가 파슈툰족 청년들을 모아 결성한 것으로 전해진다. '탈레반'이란 이슬람교의 신학생 '탈레브'의 복수형으로, 전화를 피해 파키스탄으로 간 아프간 난민 캠프에 세워진 신학교에서 교육을 받은 젊은이들이 중심이 되어 결성한 것이다.

탈레반은 남부 도시 칸다하르를 본거지로 삼아 각지의 무자헤딘 세력을 격퇴해갔다. 그들은 이슬람교의 가르침에 따른 엄격한 규율로 지배 지역의 치안을 회복해갔기 때문에 민중으로부터 큰 지지를

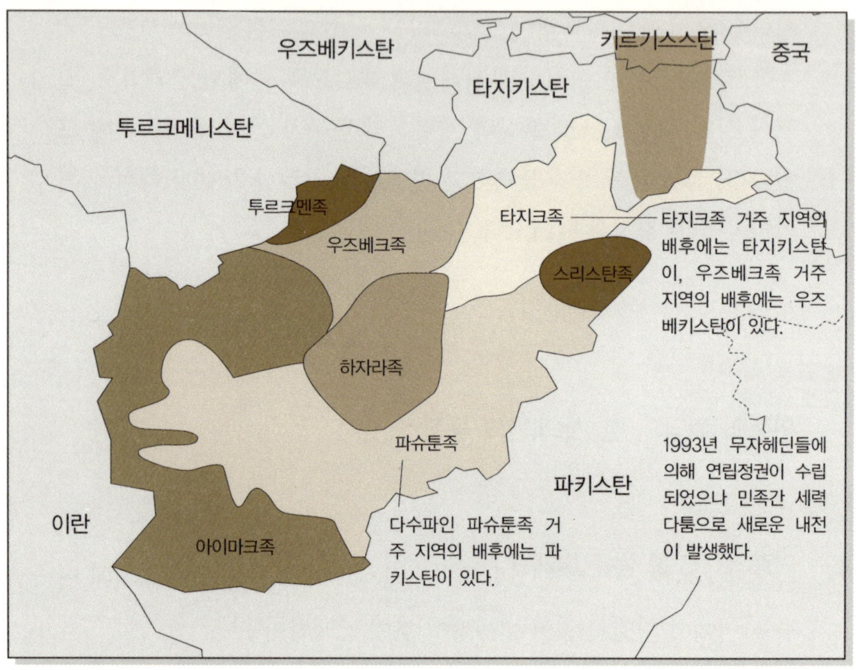

받았다.

　탈레반의 이러한 약진의 배후에는 파키스탄의 지원이 있었다. 파키스탄은 건국 이래 분쟁을 계속하고 있는 인도를 견제하기 위해 배후의 아프가니스탄과 우호적인 관계를 맺을 필요가 있었다.

　파키스탄은 처음에는 국경 지대인 북서부에 있는 파슈툰족 세력을 의식해 헤크마티아르를 지원하였으나, 탈레반이 세력을 확대해가자 같은 파슈툰족이면서 민중의 지지를 받고 있는 탈레반으로 지지 세력을 바꾸었다.

또한 오사마 빈 라덴은 탈레반에게는 중요한 후원자였다. 풍부한 자금력과 테러 조직 '알 카에다'를 가진 빈 라덴이 탈레반 지배하의 아프가니스탄을 활동 거점으로 이용한 면도 있다.

'대 탈레반'으로 북부동맹이 성립 탈레반이 약진을 계속하자 열세이던 무자헤딘은 대립을 멈추고 서로 손을 잡기 시작했다. 그 결과 1999년 '아프가니스탄 구국 이슬람 통일전선', 이른바 북부동맹이 탄생한다.

적대 세력간에 맺어진 이 북부동맹의 통일에는 대 소련전의 영웅이었던 랍바니 파의 마수드 사령관이 주도적인 역할을 하였다. 그러나 그는 9·11 테러 직전에 텔레비전 취재로 위장한 자폭 테러에 의해 암살되었다.

탈레반의 공격에 의해 북부동맹의 거점은 아프가니스탄의 약 10%로 줄어들었다. 그러나 2001년 9·11 테러에 대한 보복으로 미국이 탈레반에 공격을 개시하자 상황은 일변, 탈레반은 미군과 북부동맹의 공동작전에 의해 패주했다.

오사마 빈 라덴은 누구인가?

오사마 빈 라덴

케냐와 탄자니아의 미 대사관 폭파 테러(1998년 8월)와 2001년의 9·11 테러의 주모자로 지목된 오사마 빈 라덴은 1957년 사우디아라비아 최대의 건설회사 사장의 아들로 태어났다.

아버지에게 상속받은 수천억원의 개인 재산과 건설회사를 가진 빈 라덴은 도로나 터널 건설 사업으로 무기 조달을 위한 자금을 지원하는 등 무자헤딘 사이에서도 커다란 영향력을 행사했다.

소련이 아프가니스탄을 침공하자 이슬람 의용군으로 대 소련전에 참가했다가 소련이 아프가니스탄에서 철수한 후 사우디아라비아로 귀국했으나, 그후에도 각국의 이슬람 의용군(무자헤딘)들과의 네트워크를 유지했다.

걸프 전쟁 당시에는 이슬람교의 성지인 사우디아라비아에 이교도인 미군이 주둔하는 것에 반발해 미군 주둔을 허락한 왕실을 비판했고 이 때문에 사우디아라비아에서 추방당해 수단으로 향했다. 미군은 걸프 전쟁 후 현재까지도 사우디아라비아에 주둔을 계속하고 있으며, 빈 라덴은 이에 대해 더욱 강하게 반발하고 있다.

1996년 빈 라덴은 미국과 사우디아라비아의 압력에 의해 수단에서도 추방당해 다시 아프가니스탄으로 돌아갔다.

1998년 '유대인과 십자군에 대한 성전을 위한 국제 이슬람 전선'을 결성, '군인, 민간인을 불문하고 미국인과 그 동맹자를 처단하는 것은 무슬림 개개인에게 부여된 의무'라는 종교 칙령(파트와)을 발표했다. 반 년 후에 이는 대사관이 폭파되고 하이재킹당한 여객기가 세계무역센터 빌딩에 충돌하는 전대미문의 테러로 이어졌다.

민주적인 정권 수립을 향해

과도정부의 수립과 로야 지르가 개최 | 탈레반 패주 후인 2001년 11월 독일의 본 교외에서 아프가니스탄의 각 정파 대표자회의가 개최되었다.

회의에서는 아프가니스탄 내외의 주요 네 세력(북부동맹, 자히르 샤 전 국왕을 중심으로 하는 세력, 전 국왕과는 별개로 이란의 지원을 받는 재외 세력, 파슈툰족 세력)이 참가해 새 정부 수립을 위한 합의문서에 조인했다.

합의문서에는 과도정부 수립 후 6개월 이내에 긴급 로야 지르가(국민대회의)를 개최해 임시정부를 수립하고, 그후 18개월 이내에 정식 로야 지르가를 개최해 헌법을 제정하며 6개월 이내에 자유선거를 치른다는 신정권 이행안이 담겨 있었다. 아프가니스탄의 전통적인 의사결정 수단인 로야 지르가의 개최가 포함된 점이 특징이라 할 수 있다.

12월 22일에는 이 합의에 기초해 과도정부가 수립되었으며, 미국의 지원을 받아 랍바니 정권에서 외무차관을 지낸 파슈툰족 카르자이가 총리에 취임했다. 각료는 총리를 포함해 30명으로, 숫자로는 파슈툰족이 가장 많지만 북부동맹의 주력인 타지크족이 국방장관, 내무장관, 외무장관 등 요직을 차지하고 있다.

2002년 1월에는 도쿄에서 아프가니스탄 부흥지원 국제회의가 개

아프가니스탄을 둘러싼 '그레이트 게임'

실크로드의 요충지인 아프가니스탄은 예로부터 여러 민족의 침입을 받았다. 특히 19세기에는 남방 진출을 도모한 러시아와 인도를 지배하고 있던 영국 사이에서 격렬한 세력 다툼이 벌어지기도 했다. 아프가니스탄을 둘러싼 양국의 대결은 '그레이트 게임(Great Game)'이라고 불렸다.

이 지역은 강대국들이 각 민족의 거점지를 무시하고 국경선을 확정해 파슈툰족, 타지크족, 우즈베크족 등이 아프가니스탄과 그 주변 국가들로 분단되어 있다. 국내에 있는 여러 민족이 주변국에도 존재하는 이런 구도는 내전 상황에서 주변 국가들이 아프가니스탄 내의 자민족을 지원하는 사태를 낳았고 이는 내전을 더욱 복잡하게 만드는 요인이 되었다.

소련의 아프가니스탄 침공, 그후의 내전, 탈레반과 미국의 싸움은 '2차 그레이트 게임'이라 부를 만하다. 그 근간에 있는 것은 사실 민족간의 싸움이 아니기 때문이다. 카스피 해 주변의 타지키스탄과 우즈베키스탄에는 방대한 석유와 천연가스가 묻혀 있고 이것이 원인이 되고 있다.

현재 이 지역의 석유와 천연가스는 러시아의 파이프라인을 이용해 흑해로 운반되어 수출되고 있다. 미국은 이것을 아프가니스탄과 파키스탄을 경유해 인도양으로 수송할 계획을 내놓았다. 그 때문에 미국은 처음에 아프가니스탄을 평정할 수 있을 것으로 보였던 탈레반을 지지했으나, 이후 오사마 빈 라덴과 그를 숨기고 있는 탈레반과 대립하면서 이 계획을 백지화했다.

이후의 미국, 러시아, 파키스탄 그리고 인도와 중국의 동향을 주시해야 되는 이유가 여기에 있다. 2차 그레이트 게임은 이제부터가 시작인 것이다.

파이프라인의 루트

최되어 카르자이가 일본을 방문했다.

권력 다툼이 만든 긴박한 상황 | 2002년 6월에는 카불 시내의 거대 텐트를 무대로 긴급 로야 지르가가 개최되었다. 29년 만에 조국에 돌아온 자히르 샤 전 국왕이 개회를 선언한 이 대회에서 카르자이 과도정부 수반이 임시정부의 수반으로 선출되었다.

카르자이 수반은 내무장관에 파슈툰족을 기용하고 신설된 부통령직에 하자라족 지도자와 동부 무장 세력의 지도자를 포함시키는 등 민족간의 균형을 배려하면서 각 세력을 임시정부에 끌어들이고자 했다.

그러나 7월에 동부 무장 세력의 지도자인 카디르 부통령(파슈툰족)이 암살되는 등 각 세력간(또는 내부)의 권력 다툼은 잠잠해질 기미를 보이지 않고 있다. 또한 탈레반 제거를 노린 미군의 오폭에 의해 1백 명 이상의 시민이 사망하는 등 임시정부를 둘러싼 상황은 섣부른 판단을 불가능하게 하고 있다.

카슈미르 분쟁

인도-파키스탄 대립의 도화선이 된 카슈미르 지방의 귀속 문제

》인도 VS. 파키스탄《

1947년 영국령 인도가 인도와 파키스탄으로 분리 독립. 카슈미르 지방의 귀속을 둘러싸고 **제1차 인도-파키스탄 전쟁 발발**. 1949년 유엔의 중재에 의한 정전 성립. 이때 양국간의 정전 라인에 의해 카슈미르 지방이 분단됨

1965년 **제2차 인도-파키스탄 전쟁 발발**. 유엔 결의와 소련의 중재에 의해 전쟁 전의 상태로 복귀할 것을 합의하고 양국 군대가 철수

1971년 동파키스탄의 독립운동을 계기로 제3차 인도-파키스탄 전쟁 발발. 동파키스탄이 인도의 지원을 받아 **방글라데시로 독립**

1980년대 말부터 인도의 영토가 된 잠무카슈미르에서 **이슬람 과격파에 의한 분리독립운동**이 일어남. 이들에 대한 지원을 이유로 인도가 파

키스탄을 비난, 대립이 격화됨

1998년 인도가 **지하 핵실험**을 실시하자 이에 대항해 파키스탄도 지하 핵실험을 실시

1999년 양국 정상이 긴장 완화와 카슈미르 문제 해결을 위한 **라호르 선언** 발표. 그 직후 파키스탄의 이슬람 무장 세력이 잠무카슈미르를 침공, **대규모 무력충돌**(카르길 분쟁)로 발전

2001년 12월 이슬람 과격파에 의한 **인도 국회 습격 사건** 발생. 이를 계기로 양국의 대립이 격화되고 카슈미르 지방에 총 백만 명 규모의 병력이 집결, 긴장 상태가 계속됨

파키스탄, 인도, 중국으로 나뉜 카슈미르 지방

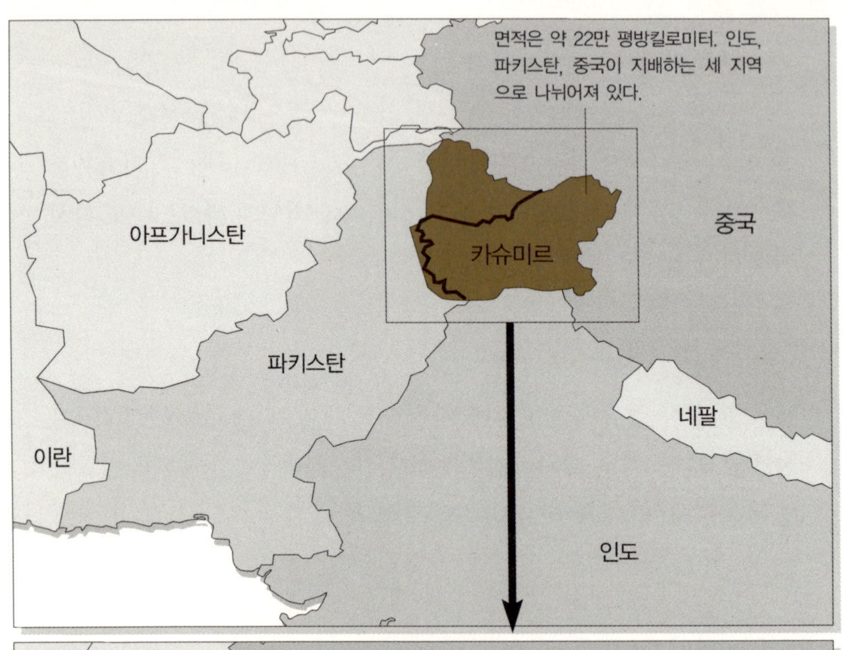

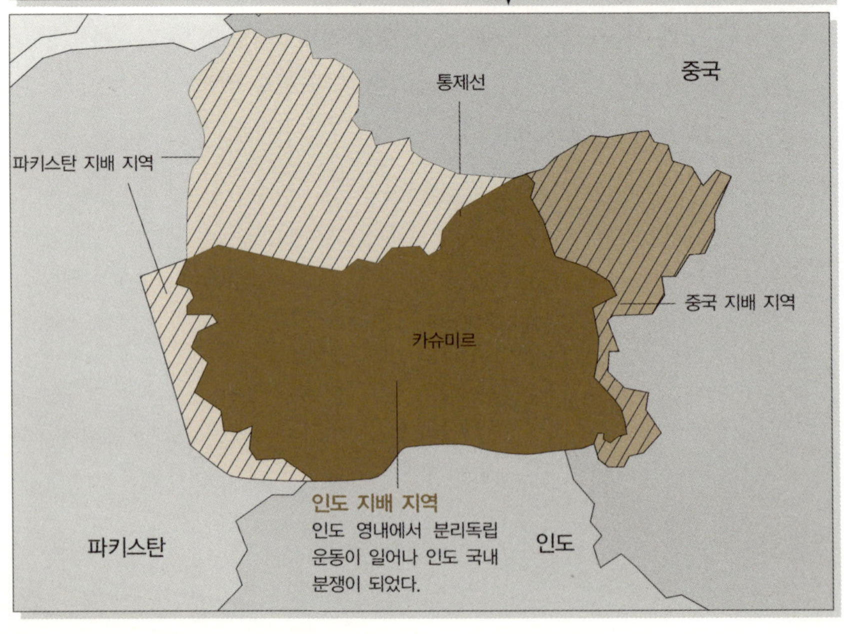

긴장이 계속되는 핵 보유국간의 분쟁

전세기까지 동원한 일본의 교민 보호 | 2002년 6월 일본 정부는 인도 와 파키스탄에 체재하는 일본인들에게 출국을 권고하고 인도에 전세 기를 보냈다. 양국이 대립을 계속하고 있는 카슈미르 분쟁의 긴장 상 태가 전쟁 일보직전까지 이르렀다고 판단했기 때문이었다.

인도와 파키스탄은 양국 사이에 위치하는 카슈미르 지방을 둘러싸 고 50년 이상 분쟁을 계속해오고 있다. 지금까지 세 차례의 전투와 크고 작은 군사적 충돌이 일어나 현재 카슈미르는 통제선에 의해 분 단된 상태이다.

카슈미르 분쟁은 원래 인도와 파키스탄 간의 국가간 분쟁이었으 나, 1980년대 말부터는 인도령 잠무카슈미르에서 인도로부터의 분 리독립을 요구하는 이슬람 과격파의 움직임까지 더해졌다. 인도는 파키스탄이 이 이슬람 과격파를 배후에서 지원하고 있다고 비난하고 있다.

2001년 12월에는 5명의 무장한 사람들이 인도 국회를 습격해 이들 5명과 인도의 치안 관계자 7명이 사망하는 사건이 발생했다. 인도는 이것을 이슬람 과격파의 소행으로 단정했다. 이후에도 이슬람 과격 파에 의한 것으로 보이는 테러 활동이 계속되자 양국의 대립은 한층 격화되었고, 카슈미르의 통제선 부근에 양국이 1백만 명 규모의 군 대를 배치해 단속적인 충돌이 계속되고 있다.

 2002년 5월에는 양국 정상이 전쟁 가능성을 언급할 만큼 상황이 악화되었다. 이에 유엔을 비롯해 미국, 영국, 러시아, 중국, 일본 등 각국이 중재에 나섰다. 특히 인도와 파키스탄은 핵 보유국이기 때문에 국제 사회는 카슈미르 분쟁이 핵전쟁으로 발전하는 것을 두려워하고 있다. 인도는 약 60개, 파키스탄은 약 25개의 핵탄두를 보유하고 있는 것으로 알려져 있으며, 양국이 가진 미사일은 상대국 전역을 사정거리 내에 두고 있다.

카슈미르 지방은 5천 미터 높이의 산들이 이어지는 산악 지대로, 겨울에는 깊은 눈에 덮이게 된다. 그 때문에 눈이 녹는 봄에 충돌이 주로 발생하고 우기를 맞이하는 7월 이후에는 잠잠해지는 경우가 많았다. 그러나 2002년 8월에는 인도 부총리가 텔레비전 인터뷰에서 "지금은 이미 전쟁 상태"라고 말하는 등 양국의 긴장 상태는 시기와 무관하게 계속되고 있다.

파키스탄이라는 명칭

파키스탄(Pakistan)이라는 명칭은 이 나라를 구성하는 지역, 즉 펀자브 주(州)의 P, 아프가니스탄(북서 변방주)의 A, 카슈미르 주의 K, 신드 주의 S, 그리고 발루치스탄의 TAN을 따서 만들어졌다.

또한 파키스탄의 언어인 우르두어로 '순결한'을 뜻하는 pak와 '나라'를 뜻하는 stan을 합친 말이기도 하다. 이와 같이 stan을 사용한 국가 명칭은 중앙아시아에서 많이 발견되는데, 카자흐스탄, 우즈베키스탄, 아프가니스탄 등이 그 예이다.

독립 당시의 혼란이 분쟁의 원인

힌두 국가와 이슬람 국가 1947년 영국의 식민지였던 인도는 힌두교 국가인 인도와 이슬람교 국가인 파키스탄으로 분리독립했다(독립 당시 파키스탄은 다시 서파키스탄과 동파키스탄으로 나뉘었고, 1971년 동파키스탄은 방글라데시로 독립했다).

독립 전의 영국령 인도에는 영국이 직접 지배하는 지역 외에 번왕(藩王, 마하라자)의 지배하에 일정한 자치가 인정되는 왕국이 있었다. 당시 인도에는 크고 작은 562개의 번왕국이 존재했다.

인도와 파키스탄이 분리독립함에 따라 각 번왕국은 어느 국가에 귀속될지를 결정해야 했다. 그러나 카슈미르 지방의 번왕국은 주민의 8할이 이슬람교도인 데 반해 번왕 자신은 힌두교도인 상황이었다. 번왕은 귀속 결정을 미루고 독립을 도모했다.

그러나 주민 일부가 파키스탄으로의 귀속을 주장하며 반란을 일으키고, 여기에 파키스탄이 무력으로 개입하자 번왕은 인도에 지원을 요청하면서 인도 귀속문서에 조인했다. 이에 따라 인도가 카슈미르에 군대를 주둔시키고 제1차 인도-파키스탄 전쟁이 발발했다.

정전 라인으로 인한 분단 1949년 1월, 유엔의 조정으로 제1차 인도-파키스탄 전쟁은 정전되었다. 유엔의 결의에 의해 카슈미르 지방을 분점하는 정전 라인(통제선)이 그어지고, 인도 지배 지역은 잠무카슈미르 주가 되었다. 한편 파키스탄은 아자드카슈미르와 북방 지역을 지배하에 두었다(그후 중국이 악사이 친을 자국의 영토로 편입시키면서 카슈미르는 삼분되었다).

인도와 파키스탄의 분리독립 당시에는 카슈미르 분쟁 외에도 인도의 이슬람교도가 파키스탄으로, 파키스탄의 힌두교도가 인도로 이동하는 대혼란이 일어났다.

이때 1천5백만 명이 이동하는 가운데 벌어진 충돌로 30만 명 이상이 사망했다고 전해진다. 인도와 파키스탄의 대립은 카슈미르 영유권 문제뿐 아니라 이러한 양국의 역사와도 관련이 있다.

두 나라의 영토 분쟁과 분리독립운동

주민투표를 거부한 인도 유엔 결의에 의한 정전 라인이 인도와 파키스탄의 잠정적인 국경선이 되었으나, 이 유엔 결의는 카슈미르 지방의 최종적인 귀속을 주민투표에 의해 결정한다고 되어 있다.

그러나 그럴 경우 주민 대다수가 이슬람교도인 카슈미르는 파키스탄으로 귀속될 것이 확실하므로, 인도는 이 주민투표 실시를 거부하고 있다.

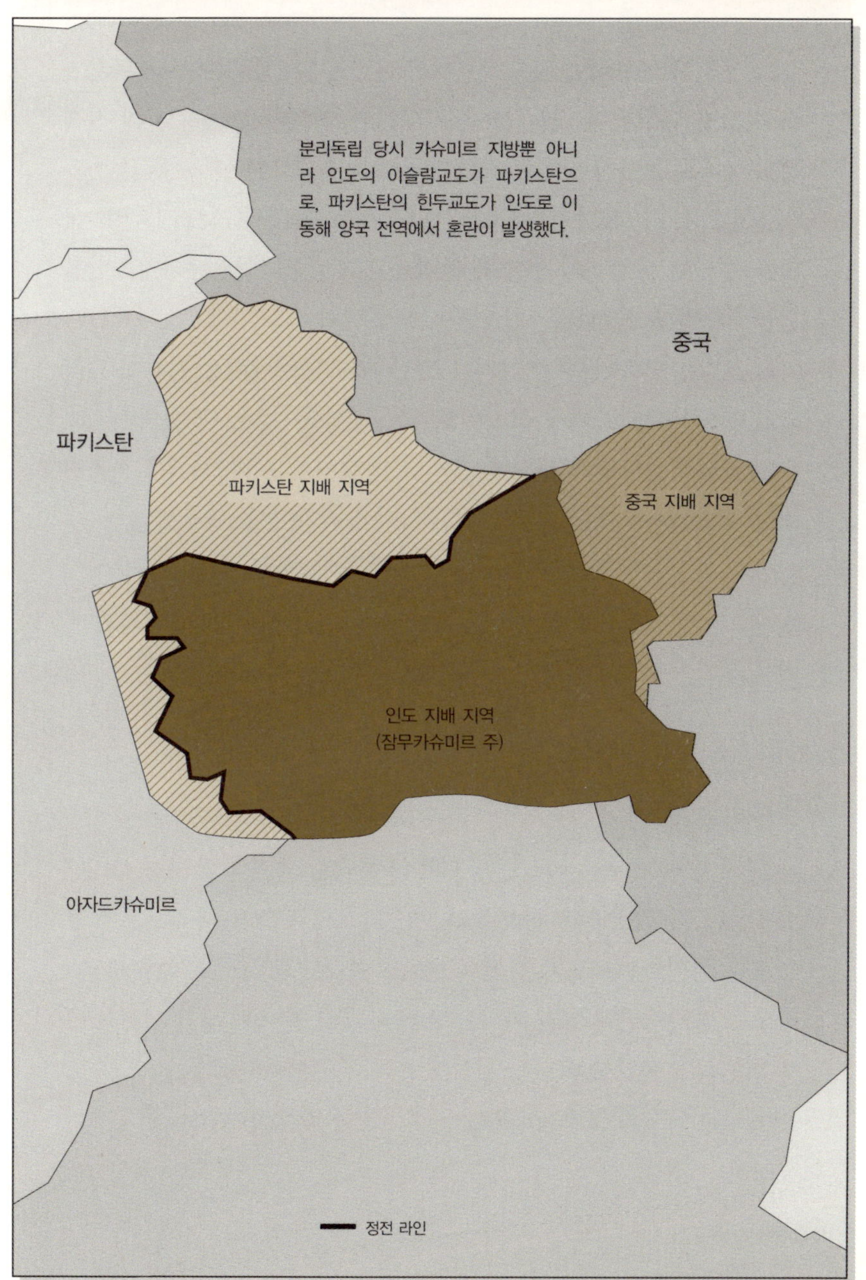

분리독립 당시 카슈미르 지방뿐 아니라 인도의 이슬람교도가 파키스탄으로, 파키스탄의 힌두교도가 인도로 이동해 양국 전역에서 혼란이 발생했다.
중국
파키스탄
파키스탄 지배 지역
중국 지배 지역
인도 지배 지역
(잠무카슈미르 주)
아자드카슈미르
정전 라인

1965년 다시 양국이 카슈미르에서 전면 충돌, 제2차 인도-파키스탄 전쟁이 발발했다. 양국은 유엔 결의와 소련의 조정에 의해 전쟁 전의 상태로 돌아갈 것을 합의하고 군대를 철수했다.

다시 1971년, 동파키스탄에서 일어난 독립운동을 파키스탄이 군대를 투입해 탄압하자 인도가 독립운동 지원을 위해 동파키스탄을 침공, 제3차 인도-파키스탄 전쟁이 발발했다.

이 전쟁은 카슈미르까지 확대되었다. 카슈미르에서는 전황이 교착되었으나 동파키스탄에서는 인도가 승리했다. 같은 해 동파키스탄은 방글라데시로 독립했고, 다음해인 1972년에는 제3차 인도-파키스탄 전쟁의 전후 처리 과정에서 양국이 심라 협정을 체결했다.

심라 협정에서는 전승국인 인도의 주장에 의해 카슈미르 문제를 양국 사이에서 해결하도록 했다. 현재 인도는 유엔 결의에 기초한 주민투표 실시를 거부하는 근거로 이 심라 협정을 들고 있다.

이슬람 과격파의 분리독립운동 인도의 영토가 된 잠무카슈미르에서는 앞서 말한 것처럼 1980년대 말부터 이슬람 과격파에 의한 분리독립운동이 격화되고 있다. 이들은 카슈미르의 독립을 목적으로 하는 조직과 파키스탄으로의 병합을 목표로 하는 조직으로 나뉘어진다. 인도는 파키스탄이 이들 과격파 조직을 군사 훈련과 무기 제공을 통해 지원하고 있다고 비난하고 있다.

1989년 이웃 아프가니스탄에서 소련군이 철수하자 소련군과 싸워

왔던 이슬람 용병이 다음 성전(지하드)의 장(場)으로 카슈미르를 택한 사실도 카슈미르 분쟁에 영향을 끼치고 있다.

양국간의 영토 분쟁이었던 카슈미르 분쟁은 인도령 잠무카슈미르의 분리독립운동에 종교전쟁의 색채까지 더해져 한층 더 복잡해져가고 있다.

인도와 파키스탄, 하루 차이의 독립

19세기 말, 영국령 인도에서 독립운동이 일어나자 영국은 인도 국민회의를 개최해 인도의 불만을 흡수, 영국과의 협력을 공고히 하고자 했다. 그러나 영국의 식민지 지배가 강화되자 국민회의의 반영국 색채가 짙어졌고, 그 참가자 중에서 이후 독립운동을 지도한 '국민회의파'가 생겨나게 되었다.

한편 영국은 힌두교도가 주체가 된 조직인 국민회의파에 대항하기 위해 '전 인도 무슬림 연맹'의 결성을 지원했다.

제1차 세계대전이 일어나자 영국은 인도에 자치권을 약속하면서 전쟁 협력을 요청한다. 그러나 전후 인도의 기대는 배반당하고 말았다. 이때 독립운동의 지도자가 되었던 것이 인도 건국의 아버지로 불리는 마하트마 간디이다.

비폭력을 주창한 간디는 힌두교도, 이슬람교도 등 다민족, 다종교가 공존하는 국가를 건설하고자 했으나 결국 영국령 인도는 분리독립되고 말았다.

파키스탄의 독립은 1947년 8월 14일, 인도는 15일에 이루어졌다. 양국이 하루 차이로 독립한 것은 15일이 이슬람교의 안식일(금요일)이어서 파키스탄이 안식일을 피해 독립을 하루 앞당겼기 때문이다.

민족의 융합을 꿈꾸었던 간디는 인도에 남은 이슬람교도와의 융화를 호소했으나 1948년 광신적인 힌두교도에 의해 암살당하고 말았다.

양국의 핵실험 경쟁

90년대 말에도 대규모 무력충돌이 발생 ┊ 파키스탄은 잠무카슈미르
에서 활동하는 이슬람 과격파에 대한 군사적인 지원을 부인하고 있
지만, 파키스탄 군 정보국(ISI)이 이들 조직에 자금을 제공하고 군사
훈련을 실시하고 있는 것은 사실로 보인다.

1990년대에는 이슬람 과격파의 활동이 활발해지는 한편 양국간
대립 해소를 위한 노력도 있었다. 그러나 1998년 인도에서 힌두 지상
주의를 주창하는 우파 정권인 인도인민당이 권력을 잡으면서 24년
만에 지하 핵실험이 재개되었고, 이에 대한 대응으로 파키스탄도 지
하 핵실험을 실시해 양국간의 긴장이 고조되었다.

1999년 2월에는 인도의 바지파이 총리가 파키스탄을 방문하여 샤
리프 총리와 정상회담을 가졌다. 양국 정상은 긴장 완화와 신뢰 회
복, 카슈미르 문제의 해결을 위한 라호르 선언을 발표하지만, 그 직
후인 5월 파키스탄의 이슬람 무장 세력이 통제선을 넘어 인도령 잠무
카슈미르 주 카르길 지역을 침공했다. 이에 인도가 제3차 인도-파키
스탄 전쟁 이후 첫 공중폭격을 실시하는 등 대규모의 무력충돌(카르
길 분쟁)이 발생했다.

파키스탄의 군사 쿠데타 ┊ 카르길 분쟁은 인도가 파키스탄의 침략 행

위를 국제 사회에 고발하고 미국의 중개에 의해 파키스탄의 샤리프 총리가 무장 세력을 철수시킴으로써 종결되었다(이때 파키스탄이 핵

미사일 배치를 준비하고 있었다는 사실이 2002년 5월 미국의 전 정부관료에 의해 밝혀졌다).

1999년 10월 군사 쿠데타에 의해 샤리프 총리가 해임되자 무샤라프 참모총장이 정권을 잡고 2001년 6월 대통령에 취임했다. 나아가 2002년 5월에는 5년간의 임기 연장을 묻는 국민투표에서 압도적인 지지를 얻었다. 하지만 투표 과정에서 군사정권의 부정행위가 개입된 것으로 보인다.

9·11 테러로 사태가 더욱 꼬이다

이슬람 과격파와 단절한 파키스탄 2001년의 9·11 테러는 카슈미르 분쟁에 여러 가지 영향을 끼쳤다.

파키스탄은 9·11 테러 이전 아프가니스탄의 이슬람 원리주의 조직 탈레반을 지원하고 있었다. 그러나 탈레반은 9·11 테러의 주모자인 오사마 빈 라덴을 은닉하여 미국을 비롯한 국제 사회와 대립해 갔다.

파키스탄은 탈레반에 대한 지원을 계속하다가 국제 사회의 일원으로서 '테러와의 전쟁'에 동참할 것을 요구하는 국제적인 반테러 기운이 높아가는 가운데 탈레반과 결별하게 된다. 국제적인 '테러와의

핵무기와 미사일 개발 경쟁

인도는 1960년대 중국에 대항해 핵무기 개발에 착수, 1974년 첫 핵실험을 실시했다. 그후 파키스탄도 중국의 기술지원을 받아 핵무기 개발을 시작했다.

또 양국은 핵무기 개발과 동시에 상대국의 전 국토를 사정권 안에 두는 미사일 개발도 진행했다.

1998년 5월 인도가 세계의 비난에도 불구하고 지하 핵실험을 강행한 것은 그전 4월 파키스탄이 핵무기를 탑재할 수 있는 중거리 탄도 미사일 가우리 발사 실험을 실시한 것에 자극을 받았기 때문인 것으로 알려졌다.

가우리라는 이름은 12세기 인도를 정복한 이슬람 전사에서 유래한 것으로, 인도에 대한 파키스탄의 공격의지를 반영하고 있다. 가우리는 파키스탄이 인도의 중거리 탄도 미사일 아그니에 대항해 개발한 것으로 개발 과정에서 북한의 지원을 받은 것으로 알려져 있다(북한의 노동 미사일을 수입한 것이라는 설도 있다).

1998년 핵실험 경쟁을 벌인 양국은 1999년부터는 경쟁적으로 미사일 발사 실험을 하고 있다.

전쟁'에 대한 동참은 파키스탄에게 카슈미르의 이슬람 과격파와의 관계를 끊어야 한다는 것을 의미했다.

한편 이슬람 과격파는 미국이라는 초강대국에 대한 동시다발 테러를 인도라는 아시아의 대국과 싸우는 자신들의 모습과 겹쳐놓으면서 투쟁의지를 고취하고 있다.

테러 문제를 강조하고자 하는 인도 | 인도에게 국제적인 반테러 기운
은 이슬람 과격파 제거에 호재로 작용하고 있다. 그러나 테러 척결
이라는 국제적인 움직임에 동조하는 것은 카슈미르 분쟁에 국제 사
회가 개입하는 것으로 이어지게 된다.

인도 카슈미르 지방에서 경계를 서고 있는 인도군

'카슈미르 분쟁은 인도와 파키스탄 양국간에 해결한다' (심라 협정)는 인도의 전략과는 상반되는 것이지만 현재 카슈미르 분쟁은 국제 사회로서도 더이상 무시할 수 없는 상황까지 와 있다.

분쟁의 당사국인 인도, 파키스탄, 그리고 카슈미르의 일부를 영유하고 양국과 국경을 접하고 있는 중국은 모두 핵 보유국이다. 카슈미르는 세 핵 보유국이 맞부딪치고 있는 땅이라고도 할 수 있다.

충돌을 계속하고 있는 인도, 파키스탄 양국은 타협점을 찾아낼 수 있을 것인가.

국제적인 반테러 기운 속에서 압박을 받고 있는 이슬람 과격파의 동향, 그리고 내전 직후의 아프가니스탄의 혼란한 정세, 거기다 중국과 미국의 움직임까지 더해 카슈미르 분쟁은 긴장 상태가 계속되고 있다.

미얀마의 민주화 운동

21세기에도 계속되는 군사정권과 민주세력 간의 긴 싸움

》미얀마 군사정권 VS. NLD(민족민주동맹) 《

1962년 군 최고실력자 네윈 장군이 쿠데타를 일으켜 사회주의 국가 건설을 도모. 그러나 경제 침체로 인해 군사정권에 대한 국민의 불만이 높아져감

1988년 학생 시위를 계기로 민주화운동이 격화, 네윈 대통령 사임. 운동이 확대되어가자 군부가 쿠데타로 정권 장악

1989년 군사정권이 민주화운동의 지도자 아웅산 수지를 자택 연금

1990년 총선에서 아웅산 수지가 이끄는 민족민주동맹(NLD)이 압승하지만 군사정권은 계속 유지됨

1995년 군사정권이 아웅산 수지의 자택 연금을 해제했으나 NLD와
의 대립이 계속되어 2000년에는 아웅산 수지가 다시 자택 연금됨

2000년 5월 군사정권이 아웅산 수지의 자택 연금(행동제한조치)을
해제함

자택 앞에서 연설하는 아웅산 수지

버마 건국에서 미얀마로

영국으로부터의 독립 1941년 일본은 영국의 식민지였던 버마를 침공해 전 국토를 점령했다. 이 침공에는 일본에서 군사훈련을 받은 버마인 세력이 협력했다. 그 지휘관이 후에 버마 건국의 아버지라 불리게 되는 아웅산 장군이다. 그들은 독립을 꿈꾸고 일본에 협력했으나 일본이 버마에서 물러나지 않자 이후 일본에 저항하게 된다.

제2차 세계대전에서 일본이 패망하면서 버마는 다시 영국의 지배 하에 놓이게 된다. 아웅산을 중심으로 한 독립운동이 활발히 전개되고 그 결과 1948년 버마는 영국으로부터 독립을 이루었다. 그러나 독립운동을 지도한 아웅산 장군은 독립을 보지 못한 채 그 몇 년 전에 암살되었다.

독립을 달성한 버마는 버마족에 대한 소수민족의 독립운동에 직면했다. 소수민족의 반란이 잇따르는 불안정한 정세가 계속되는 가운데 1962년 군에 의한 쿠데타가 발생, 아웅산과 함께 독립운동을 지도했던 네윈 장군이 정권을 잡았다.

경제 침체에 국민이 반발 | 네윈은 버마 사회주의계획당을 결성하고 사회주의에 의한 국가 건설을 목표로 했으나, 경제가 침체에 빠져 군사정권에 대한 국민의 불만이 높아졌다. 1987년에는 유엔으로부터 '후발 개발도상국'으로 지정되어 세계에서 가장 가난한 국가 중 하나가 되었다.

1988년 학생 시위를 계기로 격화된 민주화운동은 네윈 대통령을 사임으로 몰고 갔다. 고(故) 아웅산 장군의 딸 아웅산 수지가 이끄는 민주화운동은 더욱 확대되어갔지만, 군이 다시 쿠데타를 일으켜 정권을 잡았다.

민족민주동맹(NLD)을 결성해 민주화운동을 이끌던 아웅산 수지는 1989년 군사정권에 의해 자택 연금에 처해졌다.

같은 해 군사정권은 국명을 '버마 연방 사회주의 공화국'에서 '미얀마 연방'으로 개칭했다. 국민의 동의 없는 갑작스러운 국명 변경에 항의하는 의미에서 버마라는 명칭을 고수하는 조직이나 개인도 많다.

총선에서 NLD가 압승 1990년 군사정권은 민주화 세력에 대한 인권 탄압에 쏟아지는 국제적인 비난을 피하기 위해 총선거를 실시했다. 선거에서는 아웅산 수지가 이끄는 NLD가 압승했으나, 군사정권은 국회 개회를 거부하고 정권을 유지했다.

다음해인 1991년 아웅산 수지가 노벨 평화상을 수상하는 등 국제 사회의 비난이 높아지자 1995년 군사정권은 6년간 계속된 아웅산 수지의 자택 연금을 해제했다.

그러나 그후로도 아웅산 수지는 자택이 있는 양곤 시를 벗어나는 것이 금지되었고 자택 앞에서 연 집회가 저지되는 등 군사정권과의 대립이 계속되었다. 2000년 9월 행동 제한에 항의해 지방을 방문한 아웅산 수지는 군사정권에 의해 다시 자택 연금되었다.

군사정권과 아웅산 수지는 극비리에 화해를 위한 교섭을 계속했다. 그 결과 정치범으로 구금되었던 NLD 소속 의원이 석방되고 2002년 5월에는 아웅산 수지의 자택 연금이 해제된다. 하지만 정치, 경제, 교육 등 사회 각 분야에서의 인권 침해는 여전하며 민주정권으로

의 이행 가능성은 아직 보
이지 않는다.

소수민족의 독립운동 한편
독립 이래 계속되어온 소
수민족의 독립운동은 1980
년대 말부터 군사력을 배
경으로 한 군사정권의 평
화협상으로 세력이 많이
약화되었다. 그러나 타이
국경 근처에 살고 있는 카
렌족의 저항은 지금도 계
속되고 있다.

식민지 시대 영국은 카
렌족 등 소수민족을 경찰

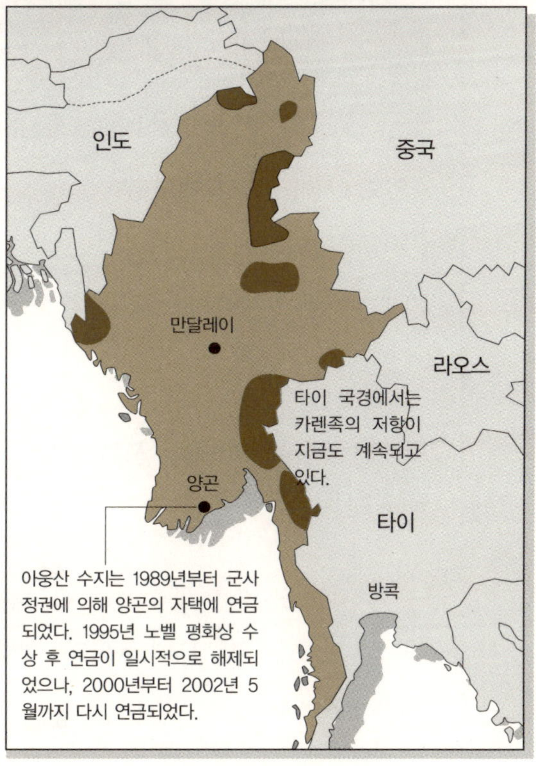

이나 군의 요직에 앉혀 다수파인 버마족 지배에 이용해왔다. 여기에
는 종교 문제도 얽혀 있는데 버마족이 불교도인데 비해 카렌족은 영
국과의 접촉을 통해 크리스트교로 개종한 경우가 많다.

민족 분포를 무시한 국경선 확정, 민족 대립을 이용한 지배 체제의
확립 등 대국에 의한 식민지 지배의 상흔이 21세기인 지금도 계속되
고 있다.

금세기 첫 독립국가가 된 동티모르의 험난한 미래

》인도네시아 VS. 동티모르《

16세기 티모르 섬에 처음으로 포르투갈인이 상륙

1975년 독립을 선언한 구포르투갈령 동티모르를 **인도네시아가 침공, 탄압이 시작**

1976년 인도네시아 정부가 **동티모르 합병을 선언**

1996년 동티모르의 정신적 지도자인 카를로스 벨로 주교와 망명중인 운동가 호세 라모스 오르타가 **노벨 평화상을 수상**, 동티모르가 국제사회의 주목을 받음. 반공산주의를 내세우는 인도네시아군과 긴밀한 관계에 있던 미국도 정책을 전환

1999년 8월 자치주냐 독립이냐를 묻는 주민투표에서 독립파가 압승, 같은 해 10월 인도네시아 정부가 **동티모르 독립을 승인**

2001년 8월 일본이 국제평화협력활동에 참가, 선거감시단 파견

2002년 4월 동티모르 대통령선거가 치러져 사나나 구스마오가 초대 대통령으로 선출되고 5월 **동티모르 민주공화국 탄생**. 9월 유엔총회에서 동티모르의 **유엔 가입 승인**

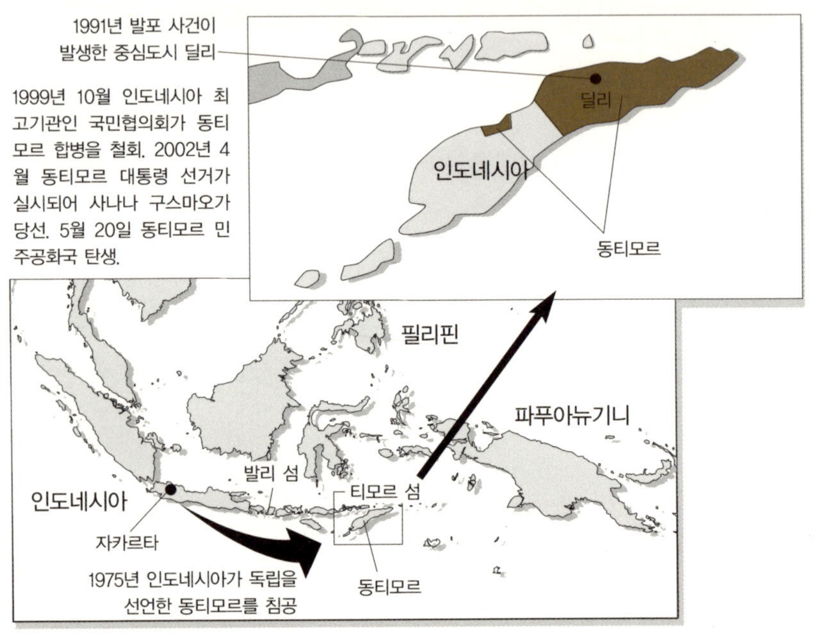

서로 다른 역사적 배경을 가진 인도네시아와 동티모르

포르투갈의 식민지였던 동티모르

티모르 섬은 인도네시아 동부에 위치한다. 그곳에 처음으로 포르투갈인이 상륙한 것이 16세기였으며, 19세기 들어서는 포르투갈이 동반부를, 네덜란드가 서반부를 지배하게 되었다. 네덜란드의 동인도 식민지들은 제2차 세계대전 종전 후인 1945년에 인도네시아로 독립했다. 이슬람교 신자가 대다수인 인도네시아는 가톨릭 신자가 주민의 9할을 차지하는 동티모르와는 종교적, 역사적, 문화적 배경이 상이한 지역이다.

반공산주의가 탄압에 박차 포르투갈은 1974년 쿠데타를 통해 수립 된 좌파 정권이 '해외 식민지 해방'이라는 정책을 내놓았다. 이 정책 에 따라 16세기부터 동티모르를 지배하던 포르투갈군이 동티모르 에서 철수했다. 이때 만들어진 세 개의 정당이 서로 충돌하면서 동티 모르 내전이 발발했다.

1975년 동티모르의 좌파 세력 '동티모르 독립혁명전선(프레틸 린)'이 포르투갈로부터의 독립을 선언하자 '티모르 인민민주주의연 합(APODETI)'과 '민주동맹(UDT)'이 인도네시아와의 합병 성명을 발표했고, 인도네시아가 이를 받아들여 '공산국가 수립은 용인할 수 없다'며 동티모르를 침공, 1976년 동티모르를 27번째 주로 합병 했다.

합병 선언 후 인도네시아군과 합병파 민병대가 독립파 전투 조직 에 대한 토벌작전을 펴고 독립파 지지 주민을 탄압했다. 1991년에는 중심도시 딜리에서 군에 의한 발포 사건으로 180명의 희생자가 발생 했다. 인도네시아군과 긴밀한 관계에 있던 미국도 사전에 이 사실을 알고 있었던 것으로 알려졌다.

세계의 여론이 '민족자결'로 | 1975년 인도네시아군의 동티모르 침공 이래 유엔에서는 이에 대한 비난 결의가 여덟 번이나 채택되었다. 동티모르 문제가 국제 사회에서 주목받게 된 것은 1996년 동티모르의 정신적 지도자 카를로스 벨로 주교와 망명중인 운동가 호세 라모스 오르타가 노벨 평화상을 수상하면서부터이다.

냉전 종식 후 전세계는 '민족자결'의 물결이 휘몰아쳤다. 1966년부터 32년간 인도네시아에 군림해온 수하르토 대통령은 1998년 5월에 대통령 직을 사임하고 측근인 하비비 부통령에게 정권을 넘겨주었다. 냉전 체제하에서 공산주의 세력의 대두를 경계했던 미국도 1998년부터는 자결권 존중으로 정책을 전환하기 시작했다. 다음해 1월에는 오스트레일리아도 미국을 따랐다.

이러한 대세에 따라 인도네시아의 하비비 정권은 '정부가 제안하는 자치주 안을 거부한다면 독립을 승인'한다고 발표했다. 독립파와 인도네시아 합병파의 격렬한 대립 속에서 8월, 동티모르에서 첫 직접투표가 치러지고 동티모르의 민중은 독립을 선택했다.

인도네시아 정부의 정책 전환의 이면에는 아시아 경제 위기에 휘말린 인도네시아가 이를 타개하려는 의도도 있었다. 자원이 부족하고 산업도 발전하지 못한 동티모르에 대해 부담감을 느끼고 있었던 것이다. 그리고 동티모르를 독립시킴으로써 국제적인 이미지를 제고해 선진국의 원조 등 외화 획득을 노린다는 계산도 있었을 것이다.

금세기 첫 독립국가 탄생

계속되는 무정부 상태 | 독립 승인 후에도 합병파 민병대가 독립파 민병대를 습격해 다국적군이 파견되는 등 무정부 상태가 계속되었다. 1999년 10월 20일 인도네시아 최고기관인 국민협의회가 합병을 철회하고 이어 10월 25일 유엔 안전보장이사회가 유엔 동티모르 과도행정기구(유엔 TAET)를 설립했다. 유엔 TAET는 동티모르의 선거, 치안, 인도적 지원, 긴급복구 지원, 행정 등에서 많은 협력을 통해 독립으로 향하는 길을 닦았다.

일본의 PKO 참가 | 일본도 2001년 8월의 헌법제정의회 의원선거를 위해 국제평화유지활동(선거감시단)에 참가했다. 해상자위대와 항공자위대도 PKO 시설부대와 기자재 수송 등에 협력했다.

2002년 4월 14일 대통령선거가 치러져 독립 영웅 사나나 구스마오가 압도적인 지지를 얻어 초대 대통령으로 선출되고, 5월 20일 21세기 첫 독립국가인 '동티모르 민주공화국'이 탄생했다.

8월에는 1999년 8월 말의 주민투표 전후에 빈발했던 살인과 약탈의 책임을 주 행정담당자들에 묻는 인도네시아의 인권특별법정이 열렸다. 1심 판결에서 치안담당자 6명에게 무죄 판결이 내려졌다.

9월 유엔총회에서 동티모르의 유엔 가입이 결정되는 등 국제화를 향한 큰 진전이 이루어지긴 했지만 군사적 침공으로 인한 상처가 남아 있는데다 경제적 자립도 힘들어 어려운 상황이 계속되고 있다.

타밀족의 독립운동으로 흔들리는 스리랑카

스리랑카에서는 인구 1천9백만 명 중 74%를 차지하는 불교도인 신할리족과 18%를 차지하는 힌두교도인 타밀족 사이에서 민족분쟁이 일어나고 있다. 소수파인 타밀족은 독립을 요구하며 스리랑카 북부를 지배하고 있다.

분쟁의 뿌리는 스리랑카가 1948년 영국 연방의 자치령 실론으로 독립할 당시에 시작되었다. 이때 다수파인 신할리족을 우대하는 정책이 시행되었다. 1972년 완전 독립 당시 헌법은 불교를 국교로 하고, 신할리어를 유일 공용어로 삼는다는 등의 내용을 포함하고 있었다. 차별 정책으로 공직에 나아갈 기회를 빼앗겨 실업률이 높아진 타밀족이 반체제운동을 일으켰고 이후 타밀족 과격파 조직 LTTE(타밀 엘람 해방 호랑이)와 신할리족의 대립이 격화되어갔다. 여기에 타밀족과 민족적으로 동질적인 인도 남부의 타밀나두 주가 얽혀들어 가면서 국제분쟁으로 발전되었다. 그후 스리랑카와 인도 사이에 평화협정이 맺어져, ① 인도 평화유지군의 스리랑카 주둔 ② 타밀족 거주 지역에 대한 자치권 부여 ③ 과격파의 무장해제 등 세 가지 사항이 합의되었다.

그러나 타밀족 독립을 요구하는 LTTE는 평화협정을 무시하고 인도군과의 전면전에 돌입했다. 이 전쟁은 1990년 인도군의 철수로 막을 내렸으나, 인도 국내에서 타밀족에 우호적인 여론은 거의 사라지게 되었다. 이후 스리랑카 정부군과 LTTE의 내전이 본격화되어 일진일퇴의 공방이 계속되고 있다. 2001년 노르웨이가 평화중개 활동을 시작하고 2002년 9월에는 타이에서 스리랑카 정부와 LTTE의 첫 직접 교섭이 이루어져 평화를 향한 발걸음을 시작했다.

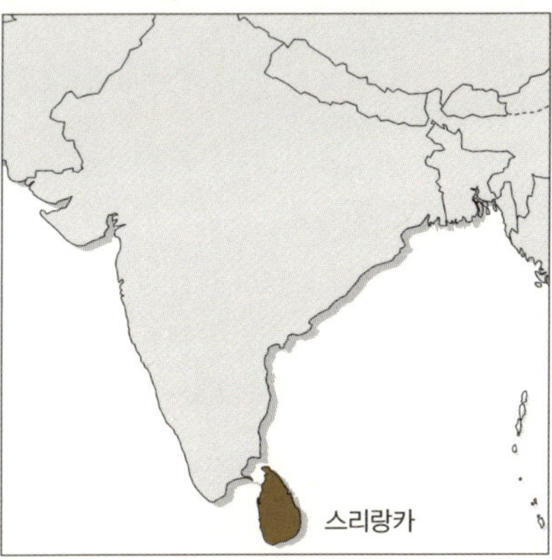

3장

동아시아 지역의 분쟁

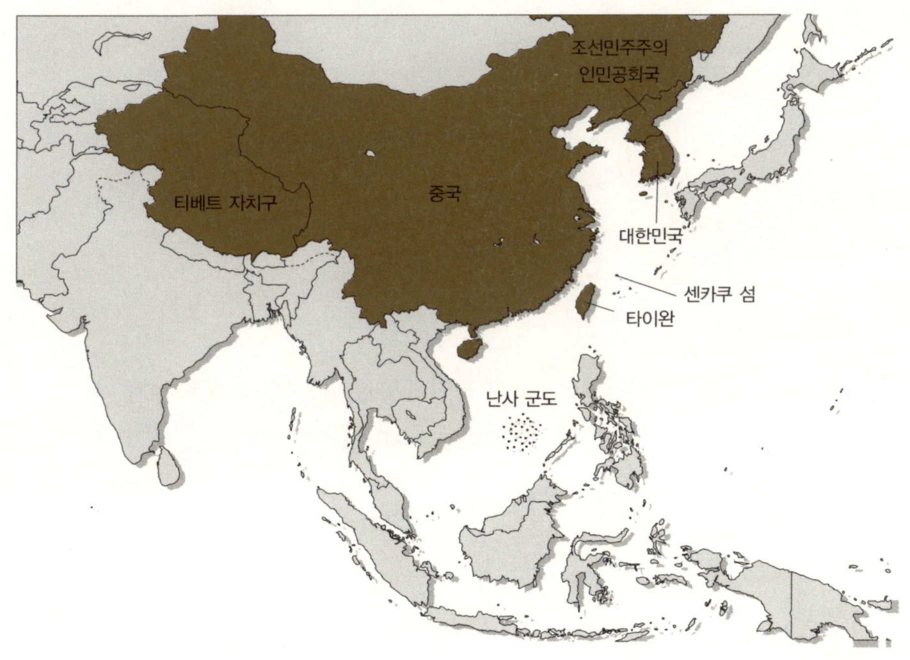

티베트 독립운동
달라이 라마는 티베트로 돌아갈 수 있을 것인가

》중국 VS. 티베트 《

1950년 중국이 티베트족 해방이라는 대의명분을 내세워 **동티베트를 무력 침공**

1951년 달라이 라마 14세가 중국과 '**티베트 평화해방협정**' 체결, 티베트의 자치권 등을 표명했으나 중국 정부에 의해 **토지개혁과 종교 탄압**이 이루어짐

1959년 약 2만 명이 중국에 대해 무장폭동을 일으킨 '**티베트 봉기**'가 발생, 중국에 의해 곧 진압되었으나 달라이 라마 14세가 인도로 망명해 다음해 티베트 망명정부를 수립

1988년 달라이 라마 14세가 티베트의 분리독립노선을 폐기. 중국이 방위와 외교를 담당하고 티베트에게 고도의 자치를 확립하는 **자치연**

방 구상 발표

↓

1989년 달라이 라마 14세에 이은 제2의 고승 판첸 라마 10세 사망. 6년간의 조사 기간을 거쳐 1995년 달라이 라마 측과 중국이 각각 다른 소년을 **판첸 라마로 인정**

↓

1989년 티베트 봉기 30주년을 맞아 수도 라싸에서 **대규모 시위 발생 (라싸 폭동)**. 이후 계엄령이 일 년 이상 지속됨

↓

1989년 달라이 라마 14세가 **노벨 평화상 수상**

↓

2000년 중국의 감시와 지도하에서 수행하던 제3의 고승 **카르마파 17세가 인도로 망명**

1989년 티베트 봉기 30주년을 맞아 수도 라싸에서 대규모 시위가 발생했다.
티베트는 17세기경부터 티베트 불교의 최고 지도자 달라이 라마가 정치적 지도자를 겸했다. 티베트 자치구는 중국의 5개 소수민족 자치구의 하나로 중국 전체 면적의 8분의 1을 차지하고 있다.
신장웨이우얼 자치구
네이멍구 자치구
베이징
티베트 자치구
닝샤후이족 자치구
다름살라
광시좡족 자치구
상하이
라싸
홍콩
1959년 달라이 라마 14세가 인도로 탈출, 다름살라에 망명정부를 수립했다.

달라이 라마 14세를 중심으로 운동을 전개

중국으로부터의 독립 티베트는 현재 중국의 자치구이다. 티베트는 17세기부터 티베트 불교의 최고 지도자인 달라이 라마가 정치적인 지도자 역할까지 맡아왔다. 현재는 1940년 네 살 때 즉위한 달라이 라마 14세가 그 지위를 잇고 있다.

1959년 달라이 라마 14세는 중국의 티베트 지배에 저항해 티베트를 탈출했다. 히말라야 산맥을 넘어 인도 북부의 다름살라에 망명정부를 수립한 달라이 라마는 이후 세계를 다니며 티베트의 독립(자치 획득)을 호소하고 있다.

1989년 달라이 라마 14세는 폭력에 기대지 않고 대화를 통해 중국으로부터의 독립을 도모한 점이 높이 평가되어 노벨 평화상을 수상했다. 그러나 중국과의 대화는 그다지 진전되지 않아, 1998년에는 독립을 요구하는 티베트인이 단식 투쟁 후 분신 자살하는 사건이 일어나 국제적인 주목을 끌었다.

2000년에는 달라이 라마, 판첸 라마에 이어 세번째 지위를 가진, 중국이 우대하고 있는 티베트 불교 카규 파(派)의 카르마파 17세가 히말라야를 넘어 인도로 망명, 달라이 라마 14세와 합류했다. 달라이 라마 14세가 국제 사회에서 티베트 독립을 호소하는 한편, 중국은 티베트 문제를 국내 문제로 취급하는 등 대립이 계속되고 있다.

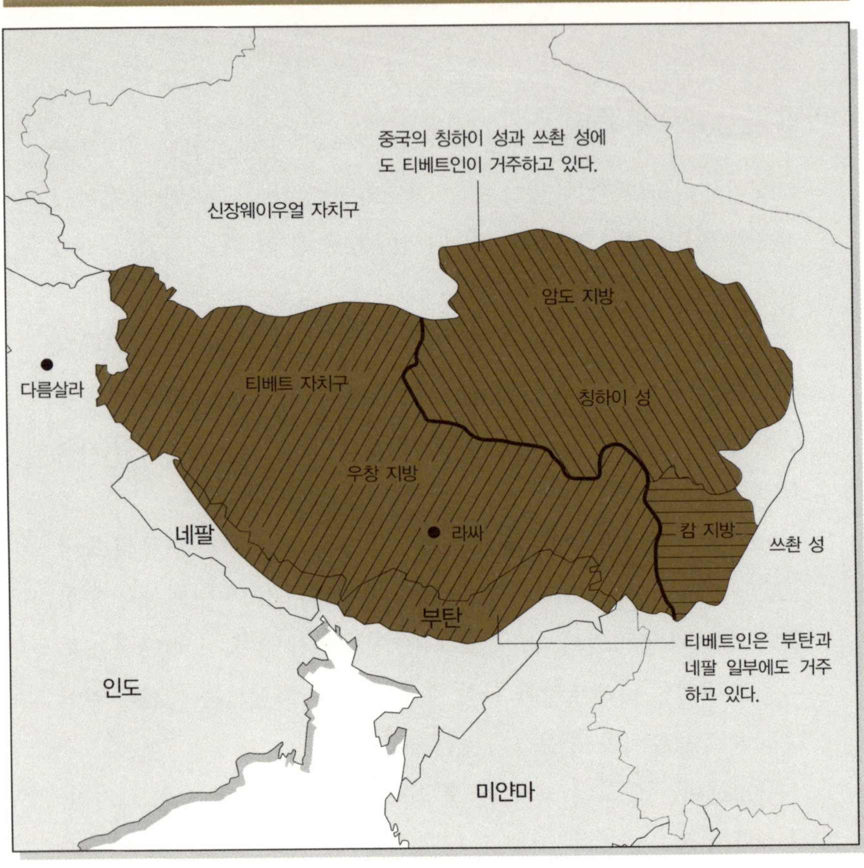
신장웨이우얼 자치구
중국의 칭하이 성과 쓰촨 성에
도 티베트인이 거주하고 있다.
암도 지방
다름살라
티베트 자치구
칭하이 성
우창 지방
라싸
캄 지방
쓰촨 성
네팔
부탄
티베트인은 부탄과
네팔 일부에도 거주
하고 있다.
인도
미얀마

 인도, 네팔과 국경을 접하고 있는 티베트 자치구는 다섯 소수민족 자치구 중 하나다. 그 면적은 약 120만 제곱킬로미터로 중국 전체의 8분의 1을 차지한다.

그러나 달라이 라마 14세를 위시한 티베트인이 독립을 요구하는 티베트는 이 티베트 자치구만을 의미하지 않는다.

달라이 라마 14세에 따르면 티베트는 우창, 캄, 암도 세 지역에 이르며, 현재 티베트 자치구로 지정된 지역은 그 절반에도 미치지 못한다. 이 세 지역의 면적을 모두 합하게 되면 중국 전체의 4분의 1에 달한다.

티베트와 중국의 역사적 관계

영국이 독립을 저지 17세기 달라이 라마 5세가 종교와 정치 양쪽의 지도자로서 현재 티베트의 기초를 다졌다. 티베트는 1720년 청나라의 침략 이후 청의 지배하에 놓이게 되었으나, 청나라가 티베트의 사회와 문화를 변화시킨 것은 아니었다. 오히려 청나라의 황제가 티베트 불교를 믿으면서 티베트 불교가 크게 확대되었고, 티베트는 독자적인 문화를 구가할 수 있었다.

19세기 말, 청나라의 국력이 쇠약해지자 당시 지도자였던 달라이

달라이 라마 14세

라마 13세가 티베트의 독립을 시도했다. 그러나 이때 서구 열강의 아시아 진출이 본격화되고 그 교두보가 된 티베트에는 인도를 식민화한 영국의 군대가 주둔했다.

1912년 청나라가 멸망하고 중화민국이 탄생하자 달라이 라마 13세는 다시 티베트의 독립을 선언한다. 다음해 1913년 티베트, 영국,

중국 대표가 모여 회담을 열었으나 티베트 독립은 인정되지 않았다. 이때 티베트와 영국은 심라 협정을 맺고 영국령 인도와 티베트의 국경선을 결정했다.

중화인민공화국의 침공 그후 유럽에서 제1차 세계대전이 일어나 서구 열강은 중국에서 철수했다. 한편 중국 국내에서는 중화민국 정부가 힘을 발휘하지 못하면서 군벌이 군웅할거하는 상황이 된다. 결국 국민당과 공산당 사이에 내전이 발발했다. 서구 열강과 중국 모두 자신들의 문제에 열중해 티베트를 둘러싼 상황은 공동화되었다.

1949년 국민당과의 내전에 승리한 공산당이 중화인민공화국(이하 중국)을 건국함으로써 사태는 크게 변화했다.

1950년 중국은 티베트 동부(암도)에 군대를 보내고 압도적인 군사력을 배경으로 조약 체결을 강요했다. 베이징에서 열린 이 회담에서 티베트 대표단에게는 선택의 여지가 주어지지 않았다. 1951년 양국은 '티베트 평화해방협정'을 체결했다. 이 협정에는 티베트의 자치권, 달라이 라마의 지위 보장, 신앙의 자유 등이 명시되어 있었으나 사태는 조약의 내용대로 진전되지 않았다.

인도 북부에 티베트 망명정부를 수립

무장봉기 평화해방협정에는 티베트의 자치권이 보장되어 있었지만, 중국 정부에 의한 토지개혁과 종교 탄압이 심해지기만 했다. 그럴수록 티베트에서는 중국에 대한 반발이 강해졌다.

1959년 약 2만 명의 티베트인이 무장봉기를 일으켰다. 중국은 곧 이를 진압했지만, 달라이 라마 14세는 10만 명 가까운 티베트인과 함께 인도로 망명했다. 달라이 라마 14세는 다음해인 1960년에 인도 북부의 다름살라에 망명정부를 수립하고 이곳을 거점으로 티베트 독립운동을 전개해나갔다(이를 계기로 1962년 중국-인도 전쟁이 발발했다).

반란을 진압한 중국은 달라이 라마에 이어 두번째 지위에 있는 판첸 라마 10세를 내세워 티베트를 지배했다.

그후 1960년대 후반에 시작된 중국의 문화혁명으로 인해 티베트어의 사용 제한과 한족의 티베트 자치구로의 이주 등이 이루어졌다.

분리독립운동은 불가능한가 문화혁명은 중국에 혼란을 가져왔다. 문화혁명이 끝난 1970년대 후반까지 티베트 독립 문제는 국제 사회에서 거의 주목을 받지 못했다.

문화혁명 후 중국이 개혁개방 노선으로 전환하자 외국인 여행자의 티베트 방문이 가능해졌다. 개혁개방 노선은 티베트 독립운동을 활성화하는 결과를 가져와, 1980년대에 들어 티베트 독립을 요구하는 시위 등이 단속적으로 발생했다.

1988년 달라이 라마 14세는 중국으로부터의 분리독립은 현실적으로 불가능하다고 판단, 분리독립운동 노선을 폐기하면서 방위와 외교는 중국이 담당하고 티베트에게는 고도의 자치권을 부여하는 자치연방 구상을 발표했다.

자치연방 구상은 같은 중국 내에 있으면서 고도의 자치권을 획득하고 있는 홍콩의 '1국가 2제도'(중국이라는 하나의 나라 안에 사회주의와 자본주의라는 두 개의 제도가 존재하는 시스템)를 본뜬 것으로, 분리독립을 폐기함으로써 중국 측에 대화를 촉구한 것이다.

국내 문제로 축소하고자 하는 중국, 중국을 견제하고자 하는 서구

판첸 라마의 환생 | 1989년 1월, 달라이 라마에 이어 두번째 위치에 있는 고승 판첸 라마 10세가 사망하자 달라이 라마 14세와 중국은 각각 다른 어린아이를 그 환생으로 인정했다. 새로운 대립의 불씨였다.

또 이해 3월에는 티베트 봉기 30주년을 맞아 티베트의 수도 라싸에

판첸 라마 11세 인정 문제

티베트 불교에서는 달라이 라마와 판첸 라마 등의 고승은 죽으면 다시 환생한다고 믿는다. 고승의 사후 49일 이내에 수태된 아이들이 선택되어, 몇 차례 의식을 거쳐 고승이 환생한 소년이 결정된다.

달라이 라마 14세는 1935년 7월 티베트 북동부 암도 지방(현재 중국 칭하이 성)의 농가에서 태어났다. 두 살 때 달라이 라마 13세의 환생으로 인정되어 네 살 때 달라이 라마 14세로 즉위했다.

중국이 티베트를 침공한 1950년, 당시 십대 중반이었던 달라이 라마 14세는 정치적인 전권을 위임받아 중국 측과 교섭을 벌였으나 결국 1959년 인도로 망명했다.

달라이 라마에 이은 제2의 고승이 판첸 라마이다. 1989년 판첸 라마 10세가 사망하자 환생 조사가 시작되었다. 6년이 지난 1995년 달라이 라마 14세는 겐둔 최키 니마를 판첸 라마 11세로 인정했다. 그러나 겐둔 최키 니마는 중국 당국에 구속되어 현재는 소재를 알 수 없다. 한편 중국은 독자적으로 갈첸 노르부를 판첸 라마 11세로 인정하고 티베트 내에 그의 초상화를 배포하는 등 그에게 정통성을 부여하기 위해 애쓰고 있다.

달라이 라마와 판첸 라마는 한쪽이 죽으면 다른 한쪽이 환생을 찾아 인정하는 관계이다. 그래서 판첸 라마 11세의 인정 문제는 1950년대부터 티베트 독립운동의 선두에 선 달라이 라마 14세의 환생, 즉 달라이 라마 15세의 인정에도 크게 영향을 미친다. 중국이 인정한 소년이 판첸 라마 11세가 되면 달라이 라마 15세의 인정에 중국의 의도가 강하게 작용하게 된다.

서 1만 명 규모의 시위가 발생했다. 이들과 중국의 공안부대가 충돌해 이후 일 년 동안 티베트에 계엄령이 내려졌다.

같은 해 10월, 달라이 라마 14세가 노벨 평화상을 수상했다. 이로 인해 티베트 문제는 '중국에 의한 소수민족 인권 탄압'의 상징적 존재가 되었다. 이 과정에서 티베트 문제를 통해 중국을 견제하고자 하는 미국과 유럽의 의도를 읽어낼 수 있다. 인권 탄압의 문제가 있긴 하지만 한편으로는 티베트 문제가 중국을 견제하기 위한 중요한 카드이기 때문에 해결을 서두르지 않으려는 의도도 있다. 냉철한 국제정치의 현실이다.

달라이 라마 14세의 후계자 문제 달라이 라마 14세 측은 한족의 티베트 이주가 늘어나면서 티베트 내에서 티베트족이 소수민족화되고 있다고 주장한다. 이는 티베트족에 대한 느슨한 민족정화정책이라고도 할 수 있다. 1990년대 후반에는 사원 등 공공장소에 달라이 라마 14세의 사진을 게시하는 행위가 금지되었다.

2000년에는 세번째 지위의 고승인 카르마파 17세가 겨울의 히말라야를 도보로 건너 인도로 망명했다. 카르마파 17세는 중국으로서는 장래의 티베트 지배에 필수적인 존재였기 때문에 중국의 감시와 보호 아래 수행을 계속해왔다. 따라서 이 망명은 중국에게 커다란 손실이었다.

중국으로서는 티베트의 독립 또는 완전한 자치를 인정하게 되면 비슷한 독립운동이 일어나고 있는 신장웨이우얼 자치구와 내몽골 자치구에까지 문제가 확대되는 것을 막기 힘들다. 특히 신장웨이우얼 자치구에서는 이슬람교도의 독립운동이 활발하게 일어나고 있다.

티베트 독립운동과 할리우드 영화

티베트를 무대로 한 영화로는 〈티벳에서의 7년〉이 유명하다. 일본에서는 1998년 1월에 공개되어 많은 관객을 모았다.

이 작품은 개봉에 앞서 1997 도쿄 국제영화제에 출품되었으나 중국 대사관이 상영 중지를 요구했다. 영화제 사무국이 그 요청을 거부하자 중국 측은 영화제에 출품했던 중국 작품 두 편의 상영을 거부했다.

미국에서는 이해(1997년) 이 작품 외에도 젊은 시절의 달라이 라마 14세와 티베트 독립운동을 그린 〈쿤둔(Kundun)〉, 중국의 사법 제도를 다룬 〈레드 코너(Red Corner)〉가 개봉되었다.

마침 10월에 중국 장쩌민 국가주석의 미국 공식 방문이 예정되어 있던 탓에 중국 당국의 항의가 더욱 거세져, 상영 중지 소동이 일어나기도 했다.

〈티벳에서의 7년〉과 〈쿤둔〉은 티베트를 무대로 한 영화지만 사실은 남미에서 촬영되었다. 또 〈레드 코너〉의 주연을 맡은 리처드 기어는 달라이 라마 14세와 친분이 있으며 티베트 독립을 지원하고 있는 것으로 알려져 있다.

　한편 티베트에게 판첸 라마의 인정 문제는 다음 지도자인 달라이 라마 15세의 인정과 연결되는 중요한 문제이다. 중국이 인정한 소년이 그대로 판첸 라마 11세가 되면 달라이 라마 15세의 인정 과정이 중국의 의도에 크게 영향을 받게 된다. 즉 티베트 독립운동이 지도자를 잃게 되는 것이다.

남북한 문제

비원의 남북통일은 실현될 것인가?

》한국 VS. 북한《

1945년 제2차 세계대전 종결에 의해 일본의 지배에서 해방되었으나 북위 38도선을 경계로 북쪽이 소련, 남쪽이 미국에 의해 점령됨

1948년 8월 남쪽이 **대한민국(한국)으로 독립**하자 같은 해 9월 북쪽이 **조선민주주의인민공화국(북한)으로 독립**

1950년 북한이 한국을 침공, **한국전쟁 발발**. 처음에는 북한이 우세했으나 미국을 주축으로 한 유엔군이 개입, 형세가 역전됨. 중국군이 개입하자 전선이 교착되었다가 1953년 휴전이 성립됨

1987년 북한 공작원이 대한항공 항공기에 시한폭탄을 설치, 115명 사망

1994년 북한의 핵무기 개발 의혹이 제기되자 미국이 **제네바 합의를 체결**. 핵개발 동결의 대가로 발전용 경수로 건설과 중유 제공을 약속

1998년 한국 김대중 대통령 취임. 북한과의 대화를 중시하는 '**햇볕정책**'을 내놓았으나 새로이 지하 핵시설 의혹이 제기되고 북한이 중거리 미사일 '대포동'을 발사해 **북한의 핵무기 및 미사일 개발에 대한 의혹**이 높아짐

2000년 김대중 대통령이 평양을 방문, 김정일 국방위원장과 **남북정상회담**

2001년 12월 북한의 것으로 추정되는 선박이 일본의 순시선과 총격전을 벌여 침몰됨

2002년 1월 미국의 부시 대통령이 북한을 이란, 이라크와 함께 '**악의 축**'으로 비난. 9월 고이즈미 일본 수상과 첫 **북일정상회담**이 실현됨

중국
조선민주주의인민공화국
평양
군사분계선을 중심으로 남북
2킬로미터에 걸쳐 비무장지
대(DMZ)가 설치되어 있다.
군사분계선
판문점
북위 38도선
인천
서울
대한민국
부산
한반도는 1910년부터 일본의 식민지
가 되었다. 1945년 소련이 침공하여
태평양전쟁이 종결되자 미소가 북위
38도선을 경계로 분할 점령을 개시했
다. 1948년 남북이 한국과 북한으로
나눠져 정부를 수립하면서 전혀 별개
의 국가가 되어 오늘에 이르고 있다.

통일에 이르는 첫 발자국이 될 것인가

첫 남북정상회담 2000년 6월, 대한민국(이하 한국)의 김대중 대통령은 조선민주주의인민공화국(이하 북한)의 수도 평양을 방문해 김정일 국방위원장과 남북정상회담을 가졌다. 양국 정상이 직접 마주한 것은 미소 냉전의 영향으로 한반도가 남북으로 나누어진 이래 처음 있는 일이었다.

이 회담에 의해 같은 해 8월에는 한국전쟁으로 남북으로 나눠져 있던 이산가족의 상호 방문이 15년 만에 이루어졌다. 나아가 9월에 개최된 시드니 올림픽의 개회식에서는 남북 선수단이 '통일기'를 내걸고 공동으로 행진하는 등 양국의 화해 분위기가 무르익어갔다.

1950년 이후 격렬한 대립을 계속해왔던 남북한 사이에 화해 분위기가 조성된 배경에는 김대중 대통령의 '햇볕정책'이 있다.

햇볕정책은 이솝 우화 「바람과 해」에 나오는 것처럼 강경 자세가 아니라 유연한 자세로 대화와 교류를 계속함으로써 북한을 개혁, 개방으로 이끌어간다는 것이다.

2000년 10월, 김대중 대통령은 햇볕정책의 공적으로 노벨 평화상을 수상했다.

다시 후퇴하는 남북관계 남북정상회담으로 화해 분위기가 무르익은

한국전쟁 당시의 공방

1950년 6월 25일
평양
북한군
서울
유엔군
1950년 9월 5일
평양
인천
서울
1950년 11월 24일
평양
서울
1951년 1월 24일
평양
1951년 4월 22일
평양
휴전선
서울

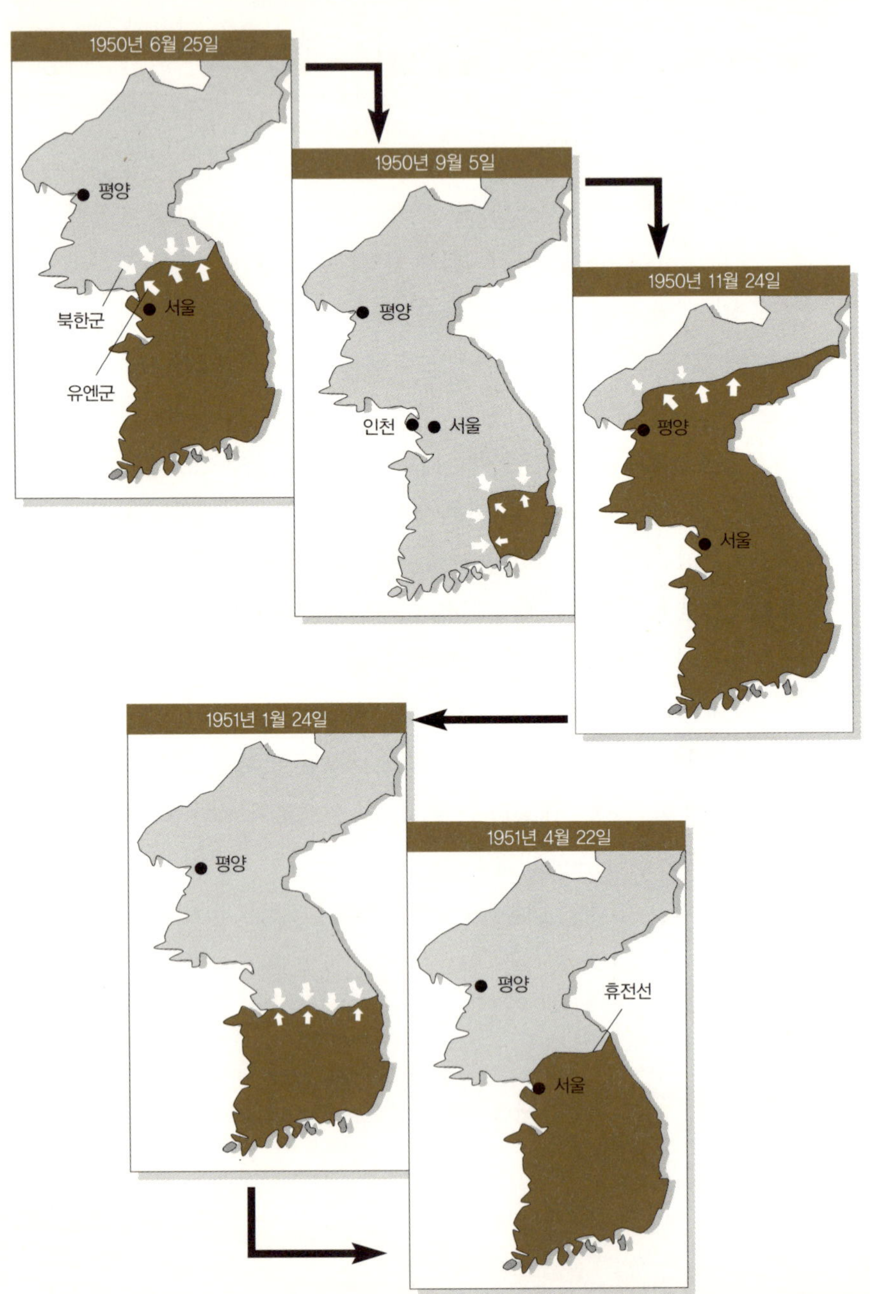

남북관계는 그러나 그후 눈에 띄는 진전을 보이지 않았다. 김대중 대통령의 북한 방문에 이어 김정일 국방위원장이 한국을 방문할 것으로 기대되었으나 정치 상황이 혼미하게 돌아가면서 방한은 이루어지지 않았다(2003년 2월 김대중 대통령의 임기가 종료되고 난 뒤 집권한 노무현 대통령 정권은 햇볕정책에 대한 기조는 같이하면서도 민간 차원에서 통일 문제에 적극적이던 현대의 북한 송금 수사를 대대적으로 벌이는 등 세부 정책에서는 이견을 보이고 있다―옮긴이).

미국의 클린턴 전 정권은 김대중 대통령과 마찬가지로 북한에 대해 대화 노선을 취해왔다. 그러나 부시 정권은 강경 자세로 전환해 2002년 1월에는 이라크, 이란과 함께 북한을 테러리스트를 지원하는 '악의 축' 으로 규정했다.

2002년 6월에는 월드컵 공동 개최로 세계의 주목을 받는 가운데 북한 경비정이 총격전을 벌여 양측에 사상자가 발생하는 사건이 있었다.

미소에 의한 분할에서 한국전쟁으로

38선을 만든 분할 점령 | 1910년 한반도는 일본에 병합되어 식민지가 되었다. 제2차 세계대전에서 일본의 패배가 거의 확정적이던 1945년 8월 9일, 소련이 대일전에 참전해 중국 동북부(구 만주국)의

일본군을 괴멸시키고 한반도로 진군했다.

소련의 참전은 전쟁을 조기에 종결시키기 위해 미국이 요청한 것이었으나, 미국은 소련이 한반도 전역을 점령하는 것을 두려워해 북위 38도선을 경계로 한반도를 분할 진주(명목은 일본군 무장 해제 등 전후 처리)할 것을 제안했다. 소련이 이에 응해 북쪽은 소련이, 남쪽은 미국이 점령하게 되었다.

이렇게 해서 한반도에 공산주의와 민주주의라는 서로 다른 두 정치 체제가 생겨나 현재까지 분단의 역사가 이어지고 있다.

1948년, 미국과 소련의 대립이 깊어가던 중에 남쪽이 8월 15일 대한민국 정부를 수립하고 북쪽은 9월 9일 조선민주주의인민공화국 정부를 수립했다.

일본의 전후를 바꾼 한국전쟁

일본을 점령한 미국은 '군국주의 국가 일본'을 '민족국가'로 바꾸는 데 의욕적인 자세를 보였다. 그러나 한국전쟁이 발발하자 미국은 일본을 공산주의의 확장으로부터 자유주의 세계를 지키기 위한 울타리로 삼고자 했다.

한국전쟁이 시작된 1950년, 한국 파병에 따른 일본 주둔 미군의 감소를 보충하기 위한 명목으로 경찰예비단(자위대의 전신)이 발족했다.

또한 한국전쟁은 전쟁으로 피폐해진 일본 경제를 되살리는 계기가 되었다. 일본은 유엔군을 대상으로 하는 군수물자 생산기지가 되어 '한국특수'를 누렸다. 일본 경제는 한국전쟁 후에도 성공을 계속했으며, 1956년의 경제 백서에서는 '이제는 전후가 아니다'라고 선언하기도 했다.

한국전쟁 발발 | 한반도는 일본의 식민지 지배에서 해방되자마자 미소 냉전의 최전선이 되고, 양국은 서로 무력에 의한 통일을 주장했다.

1950년 6월, 북한이 38선을 넘어 한국에 침공, 한국전쟁이 발발했다. 북한은 사흘 만에 서울을 점령하고 8월에는 한국군을 부산까지 몰아붙였다. 유엔 안전보장이사회는 유엔군 파견을 결정했다. 같은 해 9월 미군을 주축으로 하는 유엔군이 북한군의 배후를 공격하는 인천 상륙작전을 성공시킴으로써 전세는 역전되고 유엔군은 38선을 넘어 평양을 점령했다.

유엔군이 여세를 몰아 중국과의 국경 근처까지 전진하자, 북한의 군사 지원 요청을 받아들인 중국이 백만 명 규모의 군대를 보내 직격 남하하여 다시 일시적으로 서울을 점령했으나, 그후 38선을 둘러싸고 격렬한 전투가 반복되었다.

1953년, 휴전협정이 성립되고 휴전선을 중심으로 남북 2킬로미터가 비무장지대로 지정되었다.

국제적인 고립이 낳은 핵 외교

북한 공작원의 활동 | 삼 년 동안의 한국전쟁에서 3백만 명 이상의 시민이 희생되고 천만 명 이상의 이산가족이 발생한 것으로 알려졌다.

그후에도 양국은 군사분계선 주변에서 수차례 충돌을 계속해왔다.

또한 군사적 충돌 이외에도 북한 공작원에 의한 한국 대통령 암살 사건이나 테러 사건이 발생하기도 했다. 대표적인 사건으로는 1983년 버마(현재의 미얀마)를 방문중이던 전두환 대통령을 노린 랑군(현재의 양군) 폭파 사건과, 1987년 대한항공 항공기에 시한폭탄을 장치해 승무원, 승객 115명 전원이 사망한 사건이 있었다(북한은 이 사건들이 한국이 날조한 것이라고 주장하고 있다).

서방 국가의 원조를 이끌어내는 북한 자본주의적 발전을 이룬 한국과는 달리 북한은 독자적인 체제를 유지해왔다. 그러나 1980년대 말부터 1990년대에 걸쳐 소련과 동구권의 공산주의 정권이 붕괴하자 북한은 국제적으로 고립되어갔다.

또한 경제적으로도 동구권의 붕괴는 중요한 교역 대상국을 잃는 결과를 가져왔으며, 농업 정책의 실패와 기상 악화 등으로 인해 북한은 식량 위기에 직면했다.

이와 같은 상황에서 북한은 핵과 미사일 개발 사실을 이용해 미국 등 서방 국가들로부터 경제 원조를 이끌어내는 외교전략을 구사했다.

미국의 입장에서는 다른 나라의 핵무기 보유는 자국 군사력의 상대적 약화를 의미한다. 그래서 핵무기 확산 방지는 미국의 안보에 가장 중요한 과제 중 하나다.

1993년 북한이 핵확산방지조약(NPT) 탈퇴를 선언하면서 한반도에 긴장이 고조되었다. 다음해인 1994년 미국은 북한과 제네바 합의를 체결했다. 이 합의에서는 북한이 핵무기 개발 관련 시설을 동결하는 대신 발전용 경수로 2기를 건설하고, 완성까지 매년 50만 톤의 난방 및 발전용 중유를 제공하도록 되어 있다.

1995년에는 그 실행기관으로서 한반도에너지개발기구(KEDO)가 발족했다. 2003년 경수로 완성을 목표로 총비용 46억 달러 중 한국이 32억 달러, 일본이 10억 달러, 미국이 4억 달러를 부담하기로 했으나 사업은 대폭 지연되고 있다.

일본의 미래와도 깊이 관련된 한반도 문제

일본 상공을 통과한 대포동 | 북한은 미국과 한국 등으로부터 경제 원조를 받아내면서 군사적으로는 한국과의 대립 자세를 늦추지 않고 있다.

1996년 한국에 침입할 목적으로 남하한 북한의 잠수함이 한국 연안에서 좌초, 26명의 승무원 중 11명이 집단 자살하고 13명이 총격전으로 사망한 사건이 발생했다(1명은 체포, 1명은 도주).

1998년 2월, 한국에서 김대중 대통령이 취임해 '햇볕정책'을 내놓았으나, 같은 해 8월 북한의 지하 핵시설 건설 의혹이 새로이 제기되

구소련 과학자가 연관된 대포동 미사일 개발

북한이 개발한 3단식 중거리 탄도미사일인 대포동 미사일의 사정거리는 1천5백 킬로미터 이상으로 추정되며, 일본 영토 대부분이 그 사정거리 내에 들어간다. 북한은 1980년대 후반부터 소련제 미사일을 기본으로 한 중거리 미사일 개발을 진행해왔다. 대포동 미사일 개발에는 소련 붕괴 후 일자리를 잃은 과학자들이 관여하고 있는 것으로 알려져 있다.

미사일은 북한에게는 중요한 수출품이다. 미국이 북한을 적대시하는 것은 북한이 중동 지역에 미사일을 수출하고 있는 것과 큰 관련이 있다. 또한 긴장이 계속되고 있는 카슈미르 분쟁에서 파키스탄이 발사 실험을 한 '가우리'도 북한의 미사일을 기본으로 한 것으로 보인다.

었다. 8월 31일에는 북한이 발사한 중거리 미사일 '대포동'이 일본 상공을 통과해 태평양에 떨어져 북한의 핵무기와 미사일 개발에 대한 의혹과 위기감이 높아졌다.

미국은 북한에 대해 지하 시설에 대한 직접 조사를 요구했으나 북한은 그 담보로 60만 톤의 식량 원조를 얻어냈다.

북한을 '악의 축'으로 비난하는 미국 김대중 대통령의 '햇볕정책'이 일정한 성과를 거두는 한편, 북한도 1999년 이후 적극적인 외교를 전개해 영국, 독일 등의 EU 가입국, 캐나다, 오스트레일리아 등과 국교를 수립했다. 이로써 한반도를 둘러싼 긴장이 완화되는 것처럼 보였다.

그러나 미국에서 북한에 대한 강경정책을 내세우는 부시 정권이 집권하고 2001년 9·11 테러가 발생하면서 긴장은 한층 더 높아졌다. 부시 대통령은 2002년 1월 의회 연설에서 북한을 이란, 이라크와 함께 대량살상무기를 개발하고 테러리스트를 지원하는 '악의 축'으로 비난했다.

한반도 정세는 인접국가인 일본에도 큰 영향을 미치고 있다. 2001년 12월 해상보안청 순시함이 북한 공작선으로 추정되는 선박을 추적해 총격전을 펼쳤다. 선박은 총격전에 의해 침몰했고, 일본 정부는 사실 조사를 위해 2002년 9월 인양 작업을 폈다. 괴선박은 선미에 여닫이문이 있고 내부에 소형 보트를 탑선하고 있는 등 북한 공작선과 유사한 특징을 갖추고 있었다.

또한 1970년대부터 80년대에 걸쳐 주로 동해 근처에서 일어난 행방불명 사건에 북한이 관여했다는 주장이 제기되었다. 1997년에는 중학교에서 귀가하던 길에 소식이 끊긴 여성을 북한에서 목격했다는 증언이 나와 납치 의혹이 크게 제기되었다.

일본 정부는 행방불명자 조사를 요구했으나 북한은 납치 사실을 부인하고 정부간 논의 대상이 아니라고 일축했다.

첫 북일정상회담 ┊ 2002년 들어 일본 경찰청은 8건 11명의 납치 사건에 대해 북한의 개입 의혹이 있다고 발표했다.

납치 의혹에 대한 관심이 높아지는 가운데 2002년 9월 고이즈미

북일 공동선언에 서명한 고이즈미 수상과 김정일 국방위원장

수상이 일본 수상으로서는 처음으로 북한을 방문해 평양에서 김정일 국방위원장과 첫 북일정상회담을 가졌다(일본은 남북간 경제협력이 이루어지고 한반도 통일 분위기가 감지되자, 북한을 포함하는 동북아시아 시장의 중심적인 역할을 점하고 나아가 북한을 교두보로 유럽으로 진출하는 발판을 마련하고자 북일정상회담을 개최하였다―옮긴이).

회담에 앞서 북한은 일본 경찰청이 납치 사건으로 인정하고 있던 8건 11명을 포함, 모두 13명의 소식을 공개했다. 김정일 국방위원장은 이는 특수기관이 독단적으로 납치를 저지른 것이며 이에 대해 사과했다. 그리고 괴선박에 대해서도 군 일부의 행동임을 인정하고 재발 방지를 약속했다.

북한이 납치와 공작선을 인정하고 일본에 양보한 배경에는 미국의 강경 자세가 영향을 미쳤다. 미국의 이라크 공격이 현실화되면 다음 표적은 북한이 될 수 있기 때문이다.

북일정상회담에서 고이즈미 수상과 김정일 국방위원장은 북일 평양선언에 서명하고 10월중에 국교정상화 협상을 재개하기로 합의했다. 이때 납치 피해자 중 5명이 일시 귀국했으나 절반 이상이 이미 사망한 것으로 발표되자 일본 국내에서 북한에 대한 반감이 높아졌다(이로 인한 조총련계 한국인에 대한 일본인의 테러가 심각한 사회문제화되기도 했다—옮긴이).

2002년 10월 미국은 북미 협의중 북한이 1994년 제네바 합의 후에도 핵개발을 계속하고 있다는 사실을 인정했다고 밝혔다. 이에 따라 북일 국교정상화 협상은 '납치 문제 해결'과 '핵개발 중지'라는 두 가지 큰 문제에 부딪혔다.

중국과 타이완의 대립

'하나의 중국'인가 '이국론'인가?
흔들리는 중국–타이완 관계

》중국 VS. 타이완 《

1949년 공산당과의 내전에서 패배한 국민당이 중국 대륙에서 타이완으로 도피하여 타이베이에 임시수도를 정하고 **중화민국을 수립**

1988년 리덩후이가 총통으로 취임. 국민당에 의한 독재 체제를 개혁하고 민주화를 적극적으로 추진하는 가운데 **타이완 독립론이 등장**

1996년 총통 직선제가 실시되어 **리덩후이 당선**. 이때 중국이 타이완 해협에서 대규모 군사 훈련을 실시하여 리덩후이에게 압박을 가하자 미국이 항공모함을 파견하는 등 긴장이 고조됨(**타이완 해협 위기**)

1999년 리덩후이가 '**두 개의 국가**' 론을 주장하여 '**하나의 중국**' 론으로 타이완을 통일하고자 하는 중국과의 사이에 긴장이 고조됨

2000년 타이완 독립을 주장하는 민주진보당의 천수이벤이 총통에
취임. 취임 연설에서 독립 의사가 없다고 주장함

2002년 천수이벤이 타이완과 중국의 관계를 '**별개의 국가**'로 표현.
중국과 타이완 간의 긴장이 고조됨

'하나의 국가'와 '별개의 국가'를 둘러싼 긴장

내전으로 인한 분열 제2차 세계대전 후 중국에서는 국민당과 공산당 간의 내전이 시작되었다. 처음에는 미국의 지원을 받은 국민당이 우세했으나 점차 전세가 역전되어 1949년 10월, 공산당 정권에 의해 중화인민공화국(중국)이 성립되었다. 장제스가 이끄는 국민당은 타이완으로 도피, 같은 해 12월 타이베이를 임시수도로 정하고 중화민국(타이완)을 수립했다. 중국과 타이완은 서로 자신의 정통성을 주장해왔다.

처음에 국제 사회는 타이완을 정통으로 인정했으나, 1971년 중화인민공화국이 유엔에 가입하면서 그 대표권이 대륙으로 넘어갔고 타이완은 유엔을 탈퇴했다. 그후 미국과 일본은 중국과 국교를 맺으면서 타이완과 단교했으나 실질적인 관계는 계속되었다. 특히 미국은 '타이완 관계법'을 제정해 타이완에 대한 무기 수출을 계속하는 등 밀접한 관계를 유지하고 있다.

1988년 장제스의 뒤를 이은 아들 장징궈가 사망하자 리덩후이가 총통으로 취임, 국민당에 의한 일당 독재체제를 개선하고 타이완의 민주화를 추진했다. 그때까지 국민당은 '대륙반공(大陸反攻)' '중국 통일'을 목표로 내걸었으나 민주화의 진전과 함께 '타이완 독립론'이 우세해졌다. 독립론은 중국 대 타이완이라는 종래의 구도를 벗어나는 제3의 길이었으며, 이에 대한 중국의 경계심도 높아졌다.

중국의 대규모 군사 훈련 1995년 타이완의 리덩후이가 미국을 방문하자 중국은 미국이 타이완 독립을 지원하고 있다며 거세게 항의했다.

1996년 타이완에서 처음으로 총통 직접선거가 치러져 리덩후이가

당선되었다. 이때 중국은 리덩후이의 당선을 저지하기 위해 타이완 앞
바다에서 미사일을 발사하는 등 대규모 군사 훈련을 실시, 타이완에
압력을 가했다.

이에 대응해 중국과 타이완 간의 분쟁 발발을 우려한 미국이 항공모
함을 파견하는 등 타이완 해협의 긴장이 높아졌다.

그후에도 대립은 계속되었다. 1999년 리덩후이는 '타이완과 중국
은 특수한 국가 대 국가의 관계이다'라고 발언했다. 이 이국론(二國
論)은 타이완을 국가로 인정하지 않고 1국가 2체제(중국이라는 하나
의 국가 안에 사회주의와 자본주의라는 두 개의 체제가 병존하는 구상)
에 의해 타이완을 포함하는 통일을 꿈꾸는 중국을 자극했다.

1국가 2체제는 1997년 홍콩 반환 때 채택되어 주목을 받았으나, 본
래는 타이완을 의식한 구상이었다.

독립파가 총통에 취임 2000년에는 두번째 총통선거가 치러졌다. 타
이완 독립을 주장하는 민주진보당의 천수이벤이 우세한 가운데 중국
은 선거 전에 『하나의 중국 원칙과 타이완 문제』(타이완 백서)를 발표
하고 타이완이 독립을 요구하는 경우에는 무력 행사를 포함한 단호
한 조치를 취한다고 말해 천수이벤을 압박했다.

총통에 취임한 천수이벤은 취임 연설에서 중국이 무력 행사를 하
지 않는 것을 조건으로 '독립을 선언하지 않는다' '통일이나 독립이
냐를 묻는 주민투표를 실시하지 않는다' 등의 다섯 가지 불가정책,

즉 '5불(不)정책'을 발표하고 중국과의 대립을 피했다.

그러나 천수이볜 총통은 다시 2002년 7월부터 8월에 걸쳐 주민투표 실시를 시사하고 타이완과 중국의 관계를 '별개의 국가'라고 발표했다. 이에 대해 중국이 반발하는 등 중국-타이완 관계는 긴장 상태가 이어지고 있다.

외성인과 본성인의 대립

타이완 독립론의 배경에는 외성인(外省人)과 본성인(本省人)의 대립이 있다. 외성인은 제2차 세계대전후 중국 대륙에서 이주한 사람들을, 본성인은 그 이전부터 타이완에 살고 있던 사람들을 가리킨다.

수적으로 소수파임에도 불구하고 외성인은 국민당 일당독재하에서 계속해서 타이완을 지배해왔다. 1947년에는 본성인의 폭동(2·28 사건)이 일어나 타이완은 계엄령을 발표하고 이는 1987년까지 이어

졌다.

전 총통 리덩후이, 현 총통 천수이볜은 모두 본성인이다. 타이완 독립론은 본성인의 세력 확대가 반영된 것이라고도 볼 수 있다.

난사 군도의 영유권을 둘러싸고
서로 반목하는 주변 국가들

난사 군도(南沙群島)는 남중국해의 중앙에 위치한 약 1백 개의 작은 섬과 암초로 이루어져 있다. 난사 군도라는 이름은 중국식이며, 베트남어로는 쯔엉 사(Truong Sa) 군도, 주변 국가들은 스프래틀리(Spratly) 군도라고 부른다. 이 해역의 작은 섬과 암초의 대부분이 만조 시에 바다 속에 잠겨버리기 때문에, 20세기 초까지 주변국들은 이 섬들에 대한 영유권을 주장하지 않았다. 그러나 1918년 이 지역의 자원에 눈을 돌린 일본이 철광석을 채굴한 것을 시작으로 일본-프랑스의 영유권 다툼을 거쳐 1939년에는 일본이 영유권을 선언했다.

1951년 샌프란시스코 평화조약에 의해 일본이 난사 군도의 영유권을 포기하자 베트남과 중국이 서로 다투어 영유권을 주장했다. 현재는 중국, 타이완, 베트남이 난사 군도 전역의 영유권을, 필리핀, 말레이시아, 브루나이가 일부 영유권을 주장하고 있다. 1974년과 1988년에는 중국과 베트남 사이에 무력충돌이 일어났다. 실질적인 지배를 노린 중국은 난사 군도에 차례로 구조물을 건설하고 1995년에는 필리핀이 영유권을 주장하는 난사 군도 동부의 미스치프 산호초에 건조물을 세웠다. 이에 대응해 필리핀이 1997년 중국 선박에 대해 위협 사격을 가하는 등 난사 군도를 둘러싼 양국의 분쟁은 더욱 긴박해졌다.

이 배경에는 10만 배럴이 해저에 묻혀 있다고 알려져 있는 석유와 철광석 등의 자원 외에도 군사적 요충지이기도 한 해역의 지배권이 있다. 특히 중국은 난사 군도 해역에 다섯 군데의 군사시설을 만든 것으로 알려져 있다. 1982년에 성립된, 해양자원에 대한 연안국의 권리를 대폭 인정한 '유엔 해양법 조약'도 각국의 영유권 주장에 힘을 실었다. 현재는 ASEAN(동남아시아 국가연합) 전체의 문제로서 각국이 전향적인 자세를 보이고 있다.

북방 영토 문제
21세기까지 이어진
일본 최대 영토 문제의 행방

》일본 VS. 러시아《

1945년 소련이 소일 중립조약을 파기하고 일본에 선전포고. 종전 후 인 8월 18일 쿠릴 열도를 침공해 9월 5일까지 **북방 4도를 점령**

1946년 소련이 북방 4도의 **자국령 편입을 선언**. 4도의 일본 주민들이 일본 본토로 강제 퇴거

1951년 일본이 연합국과 샌프란시스코 평화조약을 체결하고 쿠릴 열도와 사할린을 포기. 일본은 이때의 쿠릴 열도는 북방 4도를 포함 하지 않는다고 주장

1956년 일본과 소련이 소일 공동선언에 의해 국교를 회복. 소련은 평 화조약 체결 후 하보마이와 시코탄을 **일본에 반환**하기로 함

1960년 미일 안전보장조약 체결. 소련은 소일 공동선언에서 명시된

두 섬을 반환하는 **전제 조건으로 일본에서의 외국군 철수를 요구**

1961년 흐루시초프 서기장이 '**북방 영토 문제는 해결이 난 문제다**' 라고 발언

1991년 고르바초프 대통령이 소련 대통령으로서는 처음으로 일본을 방문. 소일간 영토 문제가 **최초로 문서화됨**

1993년 옐친 대통령이 일본을 방문. 영토 문제의 대상으로 북방 4도를 명기한 '**도쿄 선언**' 을 발표

1997년 옐친 대통령과 하시모토 수상이 회담. 2000년까지 평화조약을 체결할 것을 합의(크라스노야르스크 합의)

2001년 푸틴 대통령과 모리 수상이 회담. 1956년의 소일 공동선언의 유효성을 확인한 **이르쿠츠크 성명**을 발표

2002년 북방 영토 반환운동과 관련된 국회의원의 **뇌물 수뢰 사건**이 드러남

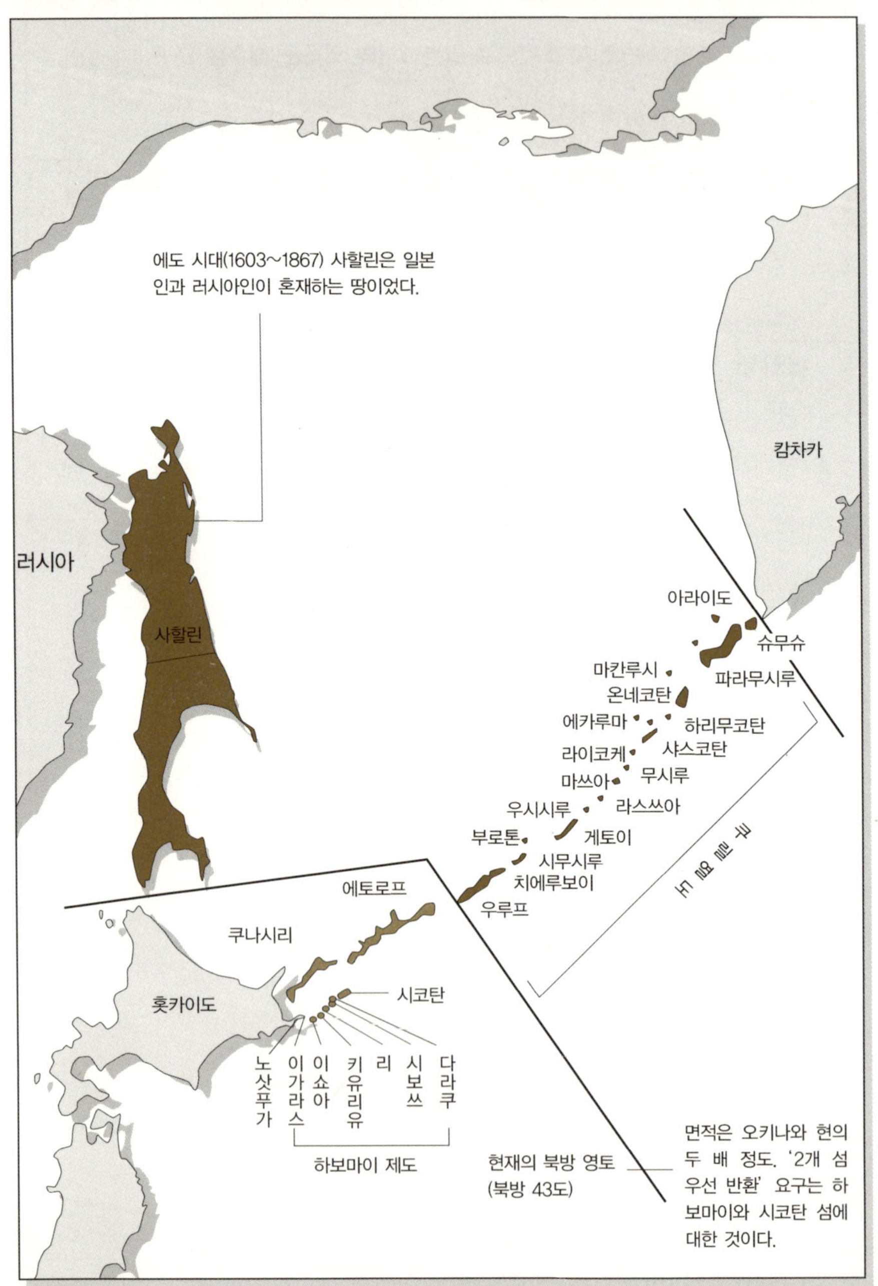
에도 시대(1603~1867) 사할린은 일본
인과 러시아인이 혼재하는 땅이었다.
러시아
사할린
캄차카
아라이도
슈무슈
마칸루시
파라무시루
온네코탄
에카루마
하리무코탄
라이코케
샤스코탄
마쓰아
무시루
우시시루
라스쓰아
부로톤
게토이
시무시루
치에루보이
우루프
에토로프
쿠나시리
훗카이도
시코탄
노
삿
푸
가
이
가
라
스
이
쇼
아
키
유
리
유
리
보
쓰
시
다
라
쿠
하보마이 제도
현재의 북방 영토
(북방 43도)
면적은 오키나와 현의
두 배 정도. '2개 섬
우선 반환' 요구는 하
보마이와 시코탄 섬에
대한 것이다.

2차 세계대전 후 반세기 이상 계속되고 있는 반환교섭

북방 영토는 어디인가? 북방 영토란 홋카이도 동쪽에 있는 하보마이 제도, 시코탄, 쿠나시리, 에토로프 네 개를 가리킨다. 이 모두를 합한 면적은 오키나와 현의 약 두 배에 해당한다.

제2차 세계대전 말기인 1945년 8월 소련은 소일 중립조약을 파기하고 일본에 선전포고를 했다. 이어 일본이 포츠담 선언을 수락함으로써 전쟁이 끝난 1945년 8월 18일부터 9월 5일에 걸쳐 이 네 섬을 점령했다. 그후 소련은 북방 영토를 자국령에 편입하고 1949년까지 이 섬들에 살고 있던 약 1만 7천 명의 일본인을 강제 퇴거시켰다.

한편 일본은 전후 일관되게 '북방 영토는 일본의 고유 영토'라는 주장을 계속하며 그 반환을 요구하고 있다.

1956년에는 소일 공동선언이 맺어져 하보마이와 시코탄 두 섬의 반환이 명기되었으나, 미소 냉전이 진전되는 가운데 1960년 일본이 미국과 미일 안전보장조약을 체결하자 소련이 태도를 바꾸었다.

1961년 소련의 흐루시초프 서기장이 '북방 영토 문제는 해결이 난 문제다'라고 밝힌 이후 소련의 입장은 변화를 보이지 않고 있다.

소련 붕괴로 다소 해결 1991년 소련이 붕괴하고 러시아 연방이 성립되자 상황은 다소 호전되었다. 1993년 일본을 방문한 옐친 대통령

러일 통상우호조약(1855년 2월 7일)

시즈오카 현 시모다 시에서 체결. 이 조약으로 에토로프, 쿠나시리, 시코탄, 하보마이는 일본령, 우루프와 북쪽의 쿠릴 열도는 러시아령이 되는 것으로 양국의 국경이 확정되었다. 동시에 사할린은 양 국민이 혼재하는 땅이 되었다.

사할린·쿠릴 열도 교환조약(1875년)

쿠릴 열도를 러시아로부터 받는 대신 사할린 전체를 포기. 이 조약에는 일본에 양도된 쿠릴 열도의 섬 이름이 모두 열거되어 있는데, 에토로프, 쿠나시리, 시코탄, 하보마이는 여기에 포함되지 않았다.

포츠머스 조약(1905년)

러일전쟁 결과 북위 50도 이남의 남사할린이 일본의 영토가 되었다.

샌프란시스코 평화조약(1951년)

일본은 쿠릴 열도와 남사할린의 권리, 권한 및 청구권을 포기. 그러나 이 쿠릴 열도에는 에토로프, 쿠나시리, 시코탄, 하보마이가 포함되지 않았다. 또 평화조약에서는 일본이 포기하는 이 지역이 최종적으로 어디에 귀속되는지에 대해서는 결정되지 않았다.

은 당시의 호소카와 수상과 '도쿄 선언'을 발표하였다. 여기에는 북방 4도의 이름을 명시하고 북방 영토 문제를 인정하며 문제 해결과 함께 평화조약을 체결할 것 등이 명시되었다.

1997년에는 '도쿄 선언에 기초해 2000년까지 평화조약을 체결하는 데 최선을 다한다'는 크라스노야르스크 합의가 체결되었다.

1999년 12월에는 교섭을 적극적으로 진행해왔던 옐친 대통령이 사임했으나, 2001년 그 뒤를 이은 푸틴 대통령이 모리 수상과의 회담에서 평화조약 체결 후에 하보마이와 시코탄을 반환할 것을 약속한 미소 공동선언(1956년)이 유효함을 확인했다.

이를 받아들인 일본 정부는 지금까지의 북방 4도 일괄 반환 방침을 수정해 하보마이와 시코탄 두 섬의 우선 반환을 당면 목표로 삼았다.

영토 문제 이전의 북방 영토의 역사

러일 통상우호조약으로 국경선이 확정 | 18세기 말 도쿠가와 막부에 의한 쇄국이 계속되고 있던 일본에 대해 구미 각국이 통상 개방을 요구해왔다. 1792년 러시아 사절단이 홋카이도의 네무로를 방문해 통상을 요구했으나 도쿠가와 막부는 이를 거부했다.

러시아의 남하에 위기감을 느낀 도쿠가와 막부는 쿠나시리와 에토로프, 사할린의 실사에 나서 에토로프 남쪽 섬에 반쇼(番所)라 불리는 경비소를 설치하고 러시아 등 외국 세력의 침입에 대비했다.

1855년 도쿠가와 막부는 미국, 영국에 이어 러시아와 러일 통상우호조약을 체결했다. 이때 에토로프와 우루프 섬 사이에 국경선이 그어지고 북방 4도는 일본의 영토가 되었다. 북방 영토 문제에서 일본이 '북방 영토는 일본의 고유 영토'라고 주장하는 근거 가운데 하나가 이 러일 통상우호조약이다.

또한 이 조약에서는 사할린에 국경선이 정해지지 않아 사할린은 일본인과 러시아인이 혼재하는 땅이 되었다.

쿠릴 열도와 사할린 교환 ┆ 국경선이 정해지지 않은 사할린에서는 러시아가 적극적으로 세력 확대에 나서 분쟁과 혼란이 계속되었다.

1875년 일본과 러시아는 사할린과 쿠릴 열도(일본명 치시마 열도) 교환조약을 체결했다. 일본은 사할린에 대한 권리를 포기하는 대신 러시아령이던 우루프와 그 북쪽 쿠릴 열도의 18개 섬을 넘겨받았다.

이 교환은 일본에게는 큰 손해였지만, 당시 수립된 지 얼마 되지 않았던 메이지 정부로서는 강대국 러시아에 대항할 힘이 없었다.

1904년에는 러일전쟁에서 극동의 소국에 지나지 않았던 일본이 승리하여 세계를 놀라게 했다. 다음해인 1905년에 러시아와 강화조약(포츠머스 조약)을 체결하고 북위 50도 남쪽의 남사할린을 일본령으로 했다.

다이쇼 시대 말기에는 북방 4도에 정촌제(町村制, 1888년 시제市制와 함께 공포된 지방자치제도—옮긴이)가 시행되었다. 소학교도 분교를 포함해 30군데가 설치되었다. 1945년 8월 15일 시점으로 북방 4도에는 17,291명(3,123세대)이 거주하고 있었다.

제2차 세계대전으로 소련이 점령한 섬들

소련의 참전과 점령 │ 제2차 세계대전에서 일본이 패전하기 직전인 1945년 8월 9일, 소련은 소일 중립조약을 일방적으로 파기하고 일본에 선전포고를 했다.

같은 해 8월 14일에는 일본이 포츠담 선언을 수락하고 다음날인 15일 연합국에 항복을 선언했다. 그러나 8월 18일, 소련의 제2극동군이 캄차카 반도에서 쿠릴 열도 최북단의 슈무슈 섬을 침공했으며, 이후 쿠릴 열도를 남하하면서 8월 31일에는 우루프 섬을 점령했다.

또 이와는 별개로 제1극동군이 사할린 방면에서 침공, 8월 28일부터 9월 5일까지 북방 4도를 점령했다(당초 제1극동군은 홋카이도 북부 점령까지 의도하고 있었으나 미국의 반대로 단념했다).

소련은 1946년 이들 섬의 자국령 편입을 선언했다. 북방 4도의 주민들은 일본 본토로 강제 추방당했다.

 1951년 일본은 연합국과 샌프란시스코 평화조약을 체결하고 국제 사회에 복귀했다(국제법상 전쟁은 평화조약의 체결에 의해 종결된다).

일본은 이 평화조약에 의해 쿠릴 열도와 남사할린의 주권을 포기했다. 그러나 이때 쿠릴 열도의 지리적인 범위가 명확하게 명시되지 않은 것이 북방 영토 문제를 지금까지 끌어온 하나의 원인이 되었다.

일본은 '러일 통상우호조약'과 '사할린 및 쿠릴 교환조약'을 근거로 샌프란시스코 평화조약에서 포기한 쿠릴 열도는 우루프와 그 북쪽 섬들을 가리키는 것이라고 주장한다. 반면 소련(러시아)은 쿠릴 열도가 북방 4도를 포함하는 섬들이라고 주장하고 있다.

더구나 소련은 샌프란시스코 평화조약이 미국이 주도한 조약이라는 이유로 조인에 참가하지 않았다. 그 때문에 일본과 소련은 양국간 평화조약 체결을 위한 협상을 시작했다.

난항을 겪는 북방 영토 반환 교섭

'해결 종료'를 주장하는 소련 평화조약 체결을 위한 미소간의 교섭은 북방 영토를 둘러싸고 몇 번이나 암초에 부딪혔다. 결국 평화조약은 체결되지 못했고, 1956년 국교를 회복하기 위해 소일 공동선언이 발표되었다.

소일 공동선언에서는 북방 4도 중 하보마이, 시코탄 두 섬을 평화 조약 체결 후에 일본에 인도하기로 하는 한편 쿠나시리와 에토로프 섬에 대해서는 평화조약을 체결하기 위한 협상중에 협의를 계속하기로 했다. 이로써 북방 영토 문제 가운데 하보마이와 시코탄에 대해서는 합의가 이루어졌다고 할 수 있다. 그러나 미소 냉전의 심화는 북방 영토 문제에도 영향을 미쳤다.

1960년 일본이 미국과 미일 안전보장조약을 체결하자 소련은 태도를 바꾸었다. 하보마이와 시코탄을 반환하는 것을 전제로 일본에서의 외국군 철수라는 조건을 일방적으로 통보해온 것이다. 제2차 세계대전 후 미국과 밀접한 관계를 다져온 일본으로서는 실현 불가능한 조약이었다(미군은 현재도 일본에 주둔하고 있다).

더구나 1961년에는 흐루시초프 서기장이 '북방 영토 문제는 해결이 난 문제다' 라고 발언, 이후 소련은 '해결 종료' '문제는 존재하지 않는다' 라는 주장을 계속했다.

수산자원과 2백 해리 문제 북방 영토 주변에 형성된 황금어장으로 인해 북방 영토 문제는 어업자원을 둘러싼 분쟁이라고도 할 수 있다. 제2차 세계대전 후인 1946년 일본의 어선이 영해 침범을 이유로 소련에 나포되는 사건이 발생했고 이후 어선 나포 사건은 현재까지도 계속 발생하고 있다.

1970년대 후반부터는 국제 사회가 2백 해리 시대(각국은 연안에서

2백 해리, 약 4백 킬로미터까지를 경제수역으로 정해 타국의 어업활동을 제한한다)를 맞아 소련은 북방 영토 주변에서의 일본 어선 조업을 엄격하게 제한했다.

일본은 소련과 협상(소일 어업협정)을 계속하고 있으나 대폭적인 양보로 홋카이도의 어업은 큰 타격을 받았다. 어업협정을 통해 북방 영토에 관한 일본 국민의 관심은 높아졌으나 소련의 강경한 태도는 변하지 않고 있다.

성묘와 무비자 교류

1964년부터 북방 영토 출신 일본인들의 성묘가 이루어졌다. 그러나 소련은 1976년부터 북방 영토 출신 일본인들에게 여권과 비자를 요구했다. 여권과 비자 취득은 곧 북방 영토를 소련의 영토로 인정하는 것이기 때문에 성묘는 중지되었다.

일본 정부는 종전과 마찬가지로 정부가 발행한 신분증명서를 사용하는 방식을 요구, 1986년 성묘가 재개되었다.

성묘가 중지된 동안 일부 일본인들이 소련의 비자 발급 요구를 받아들여 북방 영토로 건너간 사건이 발생했다. 일본 정부는 영토 문제가 해결될 때까지 북방 영토로 건너가지 말 것을 국민들에게 호소했다.

그후 소일 공동선언(1991년)에 기초하여 평화조약이 체결될 때까지 상호 이해를 도모하고 북방 영토 문제 해결에 기여하기 위해 일본인과 북방 영토에 거주하는 소련인(러시아인)이 정부가 발행하는 신분증명서만으로 북방 영토와 일본을 오갈 수 있는, 이른바 '무비자 교류'가 1992년 시작되었다(일본에서는 북방 영토 출신자, 반환운동 관련자, 언론계 종사자로 대상이 제한되어 있다).

소련의 붕괴로 인한 새로운 전개

 북방 영토 문제에 대해 '해결 종료' 또는 '존재하지 않는 문제'라는 입장을 취해왔던 소련의 자세는 1990년대 들어 변화의 조짐을 보였다.

1991년 고르바초프 대통령이 일본을 방문해 가이후 일본 총리와 함께 소일 공동성명을 발표하고 영토 분쟁의 존재를 확인했다. 그후 소련이 붕괴해 북방 영토 문제의 교섭 상대는 러시아가 되었다.

러시아 국내에서 민족주의적인 움직임이 높아지면서 북방 영토 반환을 요구하는 일본에 대한 반발도 생겨났으나, 1993년에는 옐친 대통령이 일본을 방문해 호소카와 수상과 정상회담을 갖고 '도쿄 선언'에 서명했다. 도쿄 선언에서는 러일간 영토 문제의 대상인 북방 4도의 이름이 구체적으로 명기되었다.

1997년에는 하시모토 수상이 러시아를 방문해 옐친 대통령과의 회담에서 '2000년까지 평화조약을 체결하는 데 최선을 다할 것'에 합의했다(크라스노야르스크 합의). 다음해인 1998년에는 옐친 대통령이 일본을 방문, 하시모토 수상과 회담했다. 여기에서 일본은 4도 반환 이전에 우선 에토로프와 우루프 사이에 국경선을 확정할 것을 제안했다.

그러나 1999년 북방 영토 문제의 해결에 적극적인 자세를 보여왔던 옐친 대통령이 사임하고 푸틴 정권이 탄생했다.

새로운 전망이 열릴 것인가?

2000년 9월 푸틴 대통령이 일본을 방문하고 2001년 3월에는 모리 수상이 러시아를 방문해 양국 정상이 '이르쿠츠크 성명'을 발표하기에 이르렀다. 성명에서 소일 공동선언 (1956년)이 평화조약 협상의 출발점이 되는 기본적인 법적 문서임을 확인하여 평화조약 체결과 2개 섬 반환에 대한 기대가 높아졌으나, 조약 체결은 현재까지 실현되지 않고 있다.

푸틴 대통령은 북방 영토 문제의 해결에 소극적이라고 알려져 있다. 체첸 분쟁에서의 강경 자세로 국내에서 지지를 얻고 있는 푸틴 대통령에게 북방 영토 반환은 일본에 대한 양보 또는 '돈(경제 원조)

'무네오 하우스'로 드러난 지원사업의 부실과 무관심

소련 붕괴 후 러시아에서 경제적인 혼란이 계속되면서 북방 4도에 거주하는 러시아인 역시 경제적인 어려움에 처해 있었다. 이에 대해 일본은 1992년부터 북방 4도에 대해 식료품 등의 물자를 지원하고 있다. 1994년 홋카이도 동쪽 해안의 지진으로 북방 4도에 큰 피해가 발생해 경제적인 어려움이 더 심해지자 일본 정부는 긴급인도지원을 시행해 가설 진료소와 조립식 선박 등을 지원했다.

이 지원사업은 그후 1994년의 지진에 한정되지 않고 일반적인 긴급인도지원으로 확대되어, 1999년 쿠나시리에 긴급피난소 겸 숙박시설 '일본인과 러시아인의 우호의 집'과 디젤 발전시설이 만들어졌다. 이 '우호의 집'이 이른바 '무네오 하우스'이다.

일본 최대의 현안인 영토 문제, 그리고 인도적 경지에서 이루어진 지원사업 가운데 일어난 일련의 의혹은 어떤 의미에서는 북방 영토 문제에 대한 일본인의 낮은 관심을 나타내는 것이라고 할 수도 있다.

에 영토를 팔았다'는 비판으로 연결되기 때문이다.

한편 일본에서는 스즈키 무네오 의원이 연루된 북방 영토 지원사업과 관련된 의혹(무네오 문제)이 밝혀지면서 북방 영토에 관한 외교 정책이 혼선을 빚고 있으며, 그 앞길에 다시 어두운 구름이 드리워지고 있다.

센카쿠 섬을 둘러싸고 평행선을 그리는 양국의 주장—중국과 일본

센카쿠 섬(일본명 센카쿠尖閣 제도, 중국명 댜오위다오釣魚島)은 남중국해에 있는 크고 작은 섬과 암초로 이루어진 군도로, 옛날부터 그 존재가 알려져 있었지만 무인도인데다 특별히 어느 나라에 귀속된다고 밝혀진 문서가 남아 있지 않다. 1885년 이후 일본 정부는 세 차례에 걸쳐 센카쿠 섬을 현지 조사했다. 그리고 이 섬이 무인

도이며 청나라가 지배 지역이 아님을 확인하고 1895년 일본 영토로 정식 편입할 것을 내각에서 결정했다. 1968년 주변 해저 조사에서 석유자원 매장 가능성이 밝혀지면서 중국이 거세게 영유권을 주장하기 시작했다.

중국은 "일본이 영유한 것은 청일전쟁(1894~1895년)에 의한 것"이라고 주장하며 "전쟁에 의해 할양된 영토는 원상 복귀되어야 한다"는 입장을 취하고 있다.

이에 대해 일본 정부는 "센카쿠 섬은 역사적으로 일관되게 일본의 영토인 난세이 제도의 일부를 구성하고 있으며, 1895년 청일전쟁 종결 후 체결된 시모노세키 조약에 근거해 일본이 청으로부터 할양받은 타이완 및 평후(彭湖) 제도에는 포함되지 않는다"는 입장에서 "따라서 센카쿠 섬은 샌프란시스코 평화조약에 의해 중국에 귀속된 영토에 포함되지 않으며, 난세이 제도의 일부로서 미국에 이양되었다가 1971년 6월 17일 일본과 미국 간에 이루어진 협정(오키나와 반환 협정)에 의해 일본에 반환된 지역에 포함된다"고 주장하고 있다. 1992년에는 중국이 센카쿠 섬을 중국의 영토로 하는 해양법을 제정하였으며, 일본 정부가 이에 엄중하게 항의했다. 이후 양국의 활동가들에 의한 시위가 벌어지고 홍콩과 타이완에서 반일운동이 일어났다.

4장

유럽 지역의 분쟁

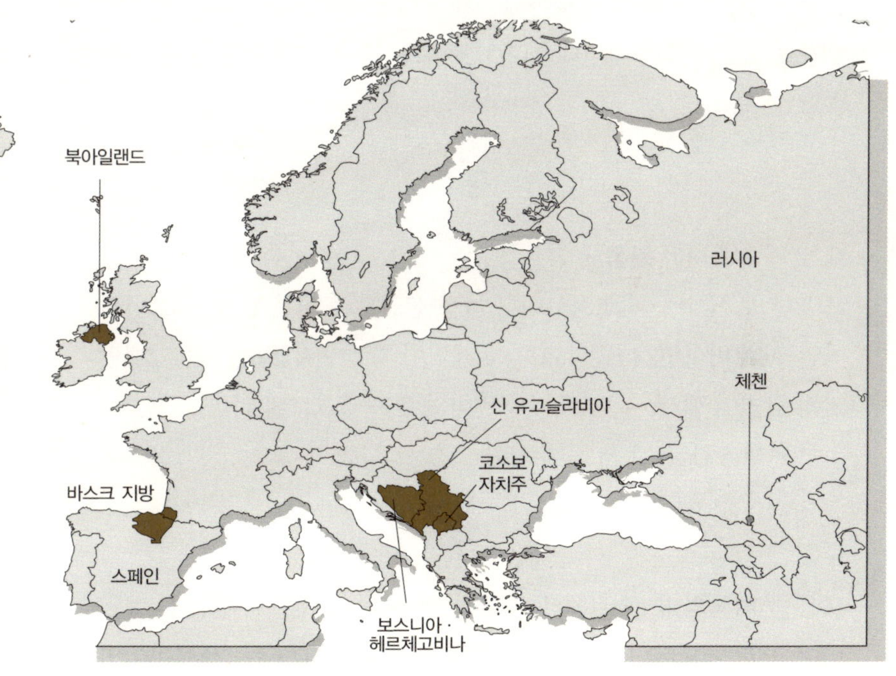

구 유고 연방 해체와 코소보 분쟁

유럽의 화약고로 불리는
발칸 반도에서 일어난 분쟁

》세르비아인 VS. 크로아티아인 · 이슬람계 주민 《

제1단계 슬로베니아와 크로아티아의 독립

1991년 슬로베니아와 크로아티아가 독립을 선언. 슬로베니아는 '**10일 전쟁**'으로 독립을 달성했으나 크로아티아는 1997년까지 분쟁이 계속됨

제2단계 보스니아 분쟁

1992년 보스니아·헤르체고비나 독립 선언으로 내전 발발. 크로아티아인, 세르비아인, 이슬람교도 세 세력이 각각 **민족정화**를 행해 2백만 명의 난민이 발생. 같은 해 세르비아와 몬테네그로에 의한 유고슬라비아 연방공화국(신 유고)이 성립

1995년 미국의 중개에 의해 평화안(데이턴 합의)이 채택되어 '보스니아·헤르체고비나 연방' (크로아티아와 이슬람교도), '세르비아인 공화국'이 성립

제3단계 코소보 분쟁

1996년경부터 세르비아 공화국의 자치주 코소보에서 독립을 요구하는 알바니아계 주민의 무장조직 **코소보 해방군(KLA)의 활동이 활발**해짐

1999년 3월 미국과 영국 등 5개국에 의한 평화안을 신 유고 측이 거부, NATO(북대서양조약기구)가 신 유고를 폭격

신 유고는 **코소보에 대한 탄압**을 더욱 강화했으나 결국 6월에 평화안을 수용, 코소보는 유엔의 관리하에 놓임

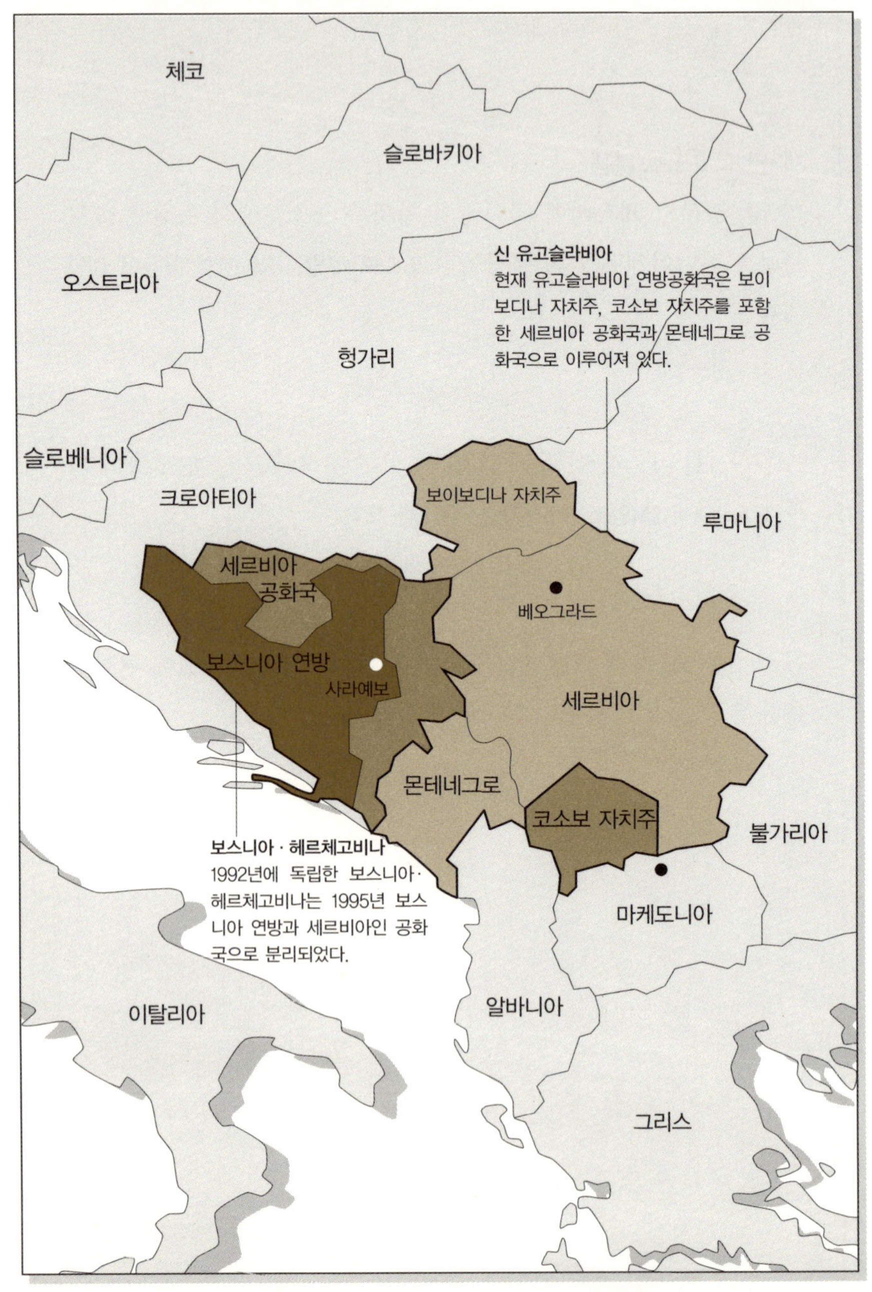
체코
슬로바키아
오스트리아
헝가리
신 유고슬라비아
현재 유고슬라비아 연방공화국은 보이
보디나 자치주, 코소보 자치주를 포함
한 세르비아 공화국과 몬테네그로 공
화국으로 이루어져 있다.
슬로베니아
크로아티아
보이보디나 자치주
루마니아
세르비아
공화국
베오그라드
보스니아 연방
사라예보
세르비아
몬테네그로
코소보 자치주
불가리아
보스니아 · 헤르체고비나
1992년에 독립한 보스니아 ·
헤르체고비나는 1995년 보스
니아 연방과 세르비아인 공화
국으로 분리되었다.
마케도니아
이탈리아
알바니아
그리스

유고슬라비아라는 기적

여섯 개의 공화국으로 이루어진 국가 ｜ '일곱 개의 국경, 여섯 개의 공화국, 다섯 개의 민족, 네 개의 언어, 세 개의 종교, 두 개의 문자, 하나의 국가'. 이것은 구 유고슬라비아 연방의 복잡한 배경을 나타내는 말이다. 그러나 실제 상황은 이보다 더 복잡하다. 예를 들어 1971년에는 이슬람교도가 새롭게 하나의 민족으로 인정되었다.

이와 같이 복잡한 민족과 종교를 가진 구 유고 연방은 건국의 아버지 티토 대통령의 탁월한 지도력 아래 동유럽 국가들 중에서도 유일하게 소련과 거리를 두고 독자적인 사회주의 국가를 건설했다.

그러나 1980년 티토 대통령이 사망하고 1980년대 말 동서냉전이라는 국제 사회의 큰 틀이 무너지면서 동유럽에서 공산당 정권이 차례로 붕괴하자, 구 유고 연방에서도 각각의 민족이 독립을 요구하는 움직임이 활발해졌다.

여섯 개의 공화국 가운데 북단에 위치한 슬로베니아, 남단에 위치한 마케도니아는 거의 단일민족이며 비교적 평화롭게 독립을 이루었다.

그러나 크로아티아, 보스니아·헤르체고비나는 여러 민족이 혼재하고 있어 독립 과정에서 민족간의 대립으로 서로 상대를 학살하거나 강제로 추방하는 등 '민족정화'가 계속되어왔다.

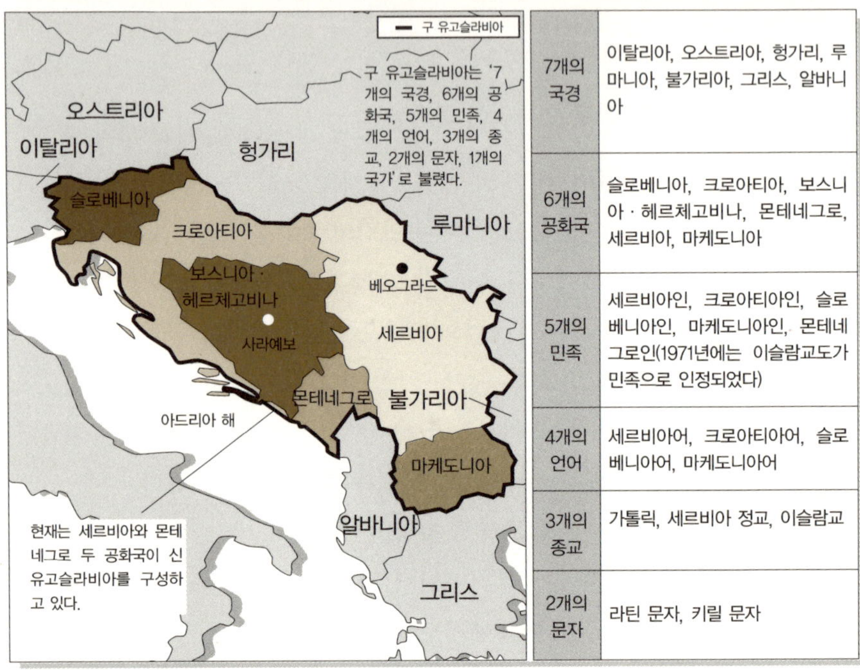

7개의 국경	이탈리아, 오스트리아, 헝가리, 루마니아, 불가리아, 그리스, 알바니아	
6개의 공화국	슬로베니아, 크로아티아, 보스니아·헤르체고비나, 몬테네그로, 세르비아, 마케도니아	
5개의 민족	세르비아인, 크로아티아인, 슬로베니아인, 마케도니아인, 몬테네그로인(1971년에는 이슬람교도가 민족으로 인정되었다)	
4개의 언어	세르비아어, 크로아티아어, 슬로베니아어, 마케도니아어	
3개의 종교	가톨릭, 세르비아 정교, 이슬람교	
2개의 문자	라틴 문자, 키릴 문자	

다수파 세르비아인의 위기감 구 유고 연방의 민족 가운데 가장 많은 수를 차지하는 것은 세르비아인으로, 이들은 인구의 약 40%를 점하는 중심적인 존재였다. 그들은 주로 세르비아 공화국에 거주하고 있었으나, 다른 공화국에도 산재하고 있었다.

그래서 크로아티아와 보스니아·헤르체고비나가 각각의 공화국으로 독립하면 그 공화국 내에서 거꾸로 소수파로 전락하게 되는 세르비아인의 위기감이 독립 반대의 움직임으로 드러나 타민족과의 대립을 낳게 되었다.

독립을 바라는 각 공화국과 독립을 저지하려는 구 유고 연방정부의 대립은 사실 '각 공화국' 대 '구 유고 연방이라는 틀 속에서 확립되어 있던 중심적인 위치를 잃고 싶지 않은 세르비아 공화국'의 대립이라고도 할 수 있다.

코소보와 마찬가지로, 전 인구의 90%를 차지하면서도 억압받아온 알바니아계 주민과 지배계층인 세르비아인이 대립한 것이다.

폭격에 대한 비난 이 분쟁에 크게 영향을 끼친 것이 NATO(북대서양조약기구)였다. NATO는 원래 동서냉전하에서 소련의 군사력에 대항하기 위해 만들어진 것이었으나, 냉전 종결 후에 동유럽 국가들이 가입함으로써 유럽의 안전을 지킨다는 명분으로 지역 분쟁에도 개입하게 되었다. 보스니아 분쟁, 코소보 분쟁에서 NATO에 의한 폭격은 이러한 이유로 이루어진 것이었다.

특히 코소보 분쟁에서의 폭격은 알바니아계 주민에 대한 탄압 저지라는 '인도적 이유'에서 이루어진 것이었으나, 유엔의 승인을 얻지 못했기 때문에 러시아와 (대사관이 오폭된) 중국 등 국제 사회로부터 비난의 목소리가 높았다.

슬로베니아, 크로아티아의 독립

역사의 유산과 남북 격차가 원인 구 유고 연방 붕괴의 제1단계는 1991년 6월 슬로베니아와 크로아티아의 독립 선언으로 시작되었다. 두 공화국은 구 유고 연방 내에서도 공업화가 이루어진 선진 지역이었다. 따라서 자신들이 벌어들인 돈이 후진 지역인 다른 공화국의 개발에 들어가는 것에 불만을 품고 있었다.

구 유고 연방 내의 남북 격차는 역사적 산물이라고 할 수 있다. 남북의 경계선은 로마 제국이 동서로 분열되었을 때의 경계선에 해당한다. 북쪽의 슬로베니아와 크로아티아는 서로마 제국의 지배하에서 유럽의 일원으로서 발전을 이룩했다. 그러나 남쪽의 네 개 공화국은 동로마 제국(비잔틴 제국)의 지배하에 들어, 후에 오스만 투르크에 정복당해 이슬람교의 영향을 받았다. 유럽의 일원이었던 슬로베니아와 크로아티아는 근대화에서 다른 네 국가보다 앞섰다.

이러한 사실은 구 유고 연방 내에 서로마 제국의 국교인 크리스트교 서방교회(가톨릭), 동로마 제국의 국교인 크리스트교 동방교회(정교회), 이슬람교 등 '세 개의 종교'의 혼재와도 관련된다.

크로아티아인과 세르비아인 구 유고 연방정부는 두 공화국의 독립 선언을 저지하기 위해 연방군을 투입했다. 먼저 슬로베니아에서 전

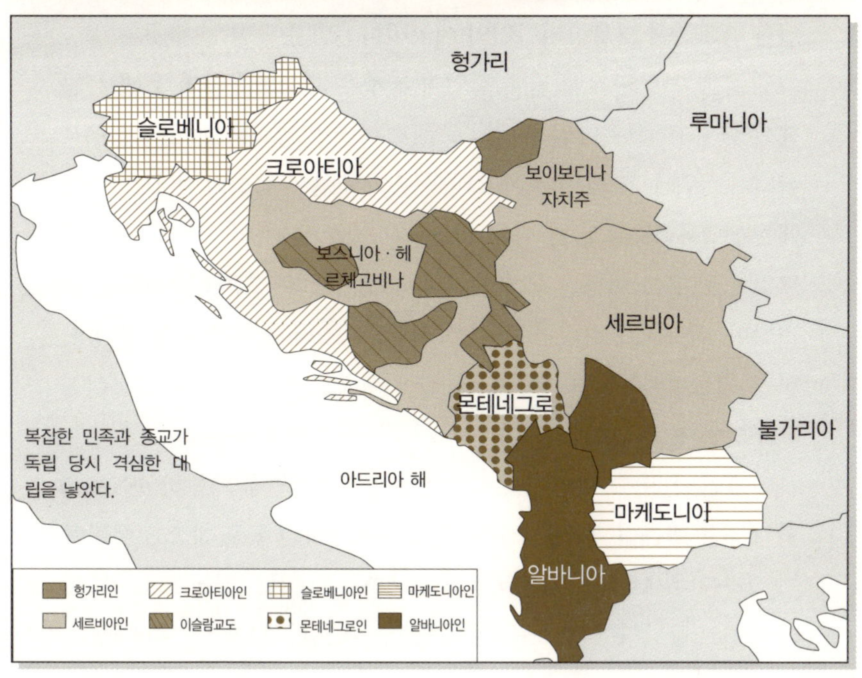

쟁이 일어났다. 그러나 이 전쟁은 열흘 만에 슬로베니아의 승리로 끝
났다. 슬로베니아인이 인구의 90%를 차지하는 슬로베니아에서는
내전이 복잡한 양상으로 전개되지 않았기 때문이었다.

크로아티아는 전체적으로 크로아티아인이 인구의 80% 정도를 차
지하고 있었으나, 지역적으로 10%에 이르는 세르비아인이 다수파
를 이루는 곳이 있었다. 크로아티아의 독립 움직임이 거세어지자 이

지역의 세르비아인들이 주민투표를 통해 세르비아 공화국으로의 편입을 결의하여 크로아티아인과 세르비아인의 충돌이 일어났다.

구 유고 연방군의 개입에 힘입어 전쟁은 세르비아인의 우세로 진행되었다. 1991년 11월 유엔의 중재로 정전이 성립되고 12월에 크로아티아로부터 '크라이너 세르비아 공화국'이 독립한다. 1992년 1월에는 EC(유럽공동체)가 슬로베니아와 크로아티아의 독립을 인정함으로써 구 유고 연방은 국제적 해체를 맞이했다. 같은 해 3월에는 보스니아 · 헤르체고비나가 독립을 선언, 보스니아 분쟁이 발생했다. 한편 세르비아는 몬테네그로와 함께 유고슬라비아 연방공화국(신 유고 연방)을 수립했다.

1995년, 신 유고 연방이 보스니아 분쟁의 평화안을 거부하여 NATO의 폭격을 받는다. 신 유고 연방의 세력이 약화된 틈을 타 크로아티아가 크라이너 세르비아 공화국을 침공했다. 이 내전은 결국 크로아티아의 승리로 끝났다. 이때 20만 명에 달하는 세르비아 난민이 발생했다.

3개 세력이 다툰 보스니아 · 헤르체고비나 분쟁

모자이크 국가 유고의 축소판 보스니아 · 헤르체고비나(이하 보스니아)는 민족, 종교가 복잡하게 얽힌 구 유고 연방을 상징하는 지역이라고 할 수 있다. 1992년 내전이 시작되었을 때 보스니아의 인구는 이슬람교도가 약 45%, 세르비아인이 약 30%, 크로아티아인이 약 20%을 차지하고 있었다.

이 세 민족이 '민족정화' 등 격렬한 대립을 계속하여 20만 명이 넘는 사망자와 2백만 명에 달하는 난민이 발생했다. 보스니아 내전은 냉전 후 유럽 최대의 분쟁이 되었다.

구 유고 연방 시대에 보스니아는 각 민족이 혼재되어 있었으나, 슬로베니아, 크로아티아의 독립에 자극받아 독립의 기운이 높아졌다.

1992년 3월 주민투표 결과에 따라 보스니아가 독립을 선언했으나, 세르비아인이 투표를 거부하고 4월에 사라예보에서 전투가 시작되어 곧 보스니아 전역으로 확대되었다. 크로아티아 공화국과 마찬가지로 여기서도 독립 후 소수파로 전락할 것을 우려한 세르비아인을 신 유고 연방이 지원하는 구도가 반복되었다. 결국 세르비아인이 보스니아의 약 70%를 지배하게 되었다.

정보전과 NATO에 의한 폭격 국제 사회는 일련의 유고 분쟁의 원인이 세르비아 공화국의 강권적인 행동에 있다고 판단하여 세르비아 공화국이 주체가 되어 성립한 신 유고 연방에 대해 경제 제재를 실시했다.

한편 이슬람 국가들은 궁지에 몰린 이슬람교도 세력에 대해 무기 등을 지원했다.

1994년 3월 분쟁 당사자 중 이슬람교도와 크로아티아인이 연방국가 수립에 합의했다. 이어 같은 해 7월 미국, 영국 등의 평화안이 제시되지만 세르비아인 측이 거부한다. 그래서 국제 사회에서 세르비아인에 대한 비난 여론이 높아졌다. 신 유고 연방도 경제 제재에 압박을 받아 보스니아의 세르비아인 세력에 대한 지원을 중단했다.

정보전과 민족정화의 역사

보스니아 분쟁에서는 이슬람교도들의 정보전도 효과를 발휘했다.

이 정보전에서 상징적으로 사용된 말 중 하나가 '민족정화'로, '민족정화를 저지르는 잔학한 세르비아인' 대 '피해자인 이슬람교도와 크로아티아인'이라는 도식이 만들어졌다. 이슬람교도들의 의뢰를 받아 미디어 정보전을 맡은 것은 뉴욕에 본사를 둔 루더 핀(Ruder-Finn)이라는 대형 광고회사였다.

그러나 보스니아 내전에서 민족정화는 세르비아인뿐 아니라 이슬람교도와 크로아티아인에 의해서도 이루어졌다. 이슬람교도 측의 외교적 승리인 것이다.

민족과 종교가 복잡하게 얽힌 구 유고는 민족정화가 반복된 역사를 가지고 있다.

코소보의 보스니아인에 대한 세르비아인의 민족정화는 이미 제1차 세계대전 당시부터 있었다. 제2차 세계대전에서는 나치 독일이 조직한 크로아티아인 파시스트 조직 우스타샤에 의해 70만 명의 세르비아인이 사망한 것으로 알려져 있다. 세르비아인 조직인 체트니크 역시 그 보복으로 크로아티아인을 살해했다.

구 유고 해체 후의 분쟁에서는 각 민족의 독립을 반대하는 세르비아인의 '대 세르비아주의'가 비난을 받고 있지만, 세르비아인이 소수민족으로 전락할 것을 두려워하여 강경자세를 취하는 배경에는 이러한 어두운 역사가 영향을 끼치고 있는 것이다.

1995년 8월 드디어 NATO군이 세르비아인 세력의 군사 거점에 대한 대규모 폭격을 개시했다. 10월에는 정전이 실현되고 미국 정부의 중개로 11월 이슬람교도, 크로아티아인, 세르비아인 삼자가 보스니아를 두 개로 분할하는 평화안에 합의했다(데이턴 합의). 보스니아는 하나의 국가를 유지하되 이슬람교도와 크로아티아인의 '보스니아·헤르체고비나 연방', 세르비아인의 '스르프스카 공화국' 등 두 개의 체제를 가지게 되었다.

데이턴 합의를 받아들여 보스니아에는 NATO를 중심으로 하는 평화유지군이 주둔하게 되었으며, 당초 일 년간이었던 평화유지군의 주둔 기간은 계속 연장되었다.

2000년 11월에 치러진 세번째 선거 결과 2001년 2월 분쟁 후 처음으로 비민족주의 정부가 성립되었다. 그러나 삼자가 각각 독자적인 군사 세력을 가지고 있어, 균형을 유지하면서 국가를 운영하기는 쉽지 않을 것이다.

알바니아계 주민이 독립을 요구한 코소보 분쟁

구 유고 연방 시대부터 이어진 대립 신 유고 연방 세르비아 공화국 내의 코소보 자치주는 인구의 90%를 알바니아계 주민이 차지하고 있다(나머지 10%는 세르비아계 주민). 구 유고 연방의 해체 속에서 활발해진 알바니아계 주민의 독립 요구를 세르비아 공화국 주체의 신 유고 연방이 탄압, NATO의 유고 폭격을 거쳐 현재 유엔의 잠정통치 아래에 놓여 있다.

구 유고 연방 시대 코소보에는 공화국과 같은 정도의 자치권이 주어져 있었으나, 1989년 세르비아가 코소보의 자치권을 축소하며 독립운동을 탄압했다.

이에 맞서 알바니아계 주민은 1990년 '코소보 공화국'의 독립을 선언했다. 1992년 대통령을 선출하면서 독립을 향한 움직임은 서서히 과격화되었다. 코소보 해방군(KLA)이 결성되고 무력투쟁이 시작되었다.

1998년 대립이 KLA와 세르비아 치안부대의 무력충돌로 발전하자 신 유고 연방군이 개입해 대규모 KLA 소탕작전이 이루어졌다.

유엔은 전투의 즉각적인 중지를 요구하며 평화안을 제시했으나 교섭은 난항을 겪었다. 1999년에는 미국, 영국, 독일, 프랑스, 러시아가 중재에 나섰으나 신 유고 연방의 밀로세비치(Milosevic) 대통령이 이를 거부했다. NATO는 코소보에서 민족정화 등 중대한 인권 침해가 이루어지고 있는 것으로 보고, 이를 방지한다는 이유를 들어 신 유고 연방에 대한 폭격을 개시했다.

폭격으로 다시 상황이 악화 폭격이 시작되자 신 유고 연방군은 알바니아인에 대한 탄압을 더욱 강화했다. 탄압과 NATO의 폭격으로 인한 이중의 고난 속에서 약 90만 명의 난민이 발생했다.

이렇게 NATO의 폭격은 처음 기대했던 성과를 거두지 못하고 오히려 역효과를 낳았다. 거기다 중국 대사관과 민간인에 대한 오폭이 이어졌고 유엔의 결의를 기다리지 않고 무력행사로 나아갔기 때문에 비난 여론이 비등했다. 그러나 결국 밀로셰비치 대통령은 평화안을 수락한다. NATO는 신 유고 연방군, 세르비아 치안부대의 철수를 확인한 후 78일간에 걸쳐 이루어졌던 폭격을 중지했다.

평화안의 결과 코소보는 정치와 난민 귀환 문제를 담당하는 유엔

세르비아인의 성지, 코소보

인구의 90%를 타민족이 차지하고 있는 코소보를 세르비아인이 포기하지 않는 것은 코소보가 세르비아인에게는 민족의 발상지이자 성지이기 때문이다. 코소보는 12세기에 탄생한 중세 세르비아 왕국의 중심지이며, 정교회(크리스트교 동방교회)의 교회도 여기에 세워졌다.

14세기 후반 세르비아는 오스만 투르크의 공격을 받았다. 오스만 투르크에 마지막으로 대항해 역사적인 패배를 겪은 것이 코소보 전투(1389년)였다(그후 이슬람교도인 알바니아인이 이주해 다수파가 된다).

세르비아인은 이 패배를 '크리스트교 세계를 지키기 위해 이슬람교도와 싸워 스스로를 희생한 것'으로 생각하며 이를 '영광의 패배'로 부른다.

세르비아인에게 코소보는 민족의 역사에 깊이 새겨진 땅인 만큼 결코 포기할 수 없는 지역인 것이다.

코소보 임시행정기구(유엔 MIK)와 치안, 군사를 담당하는 NATO를 중심으로 결성된 평화유지군(KFOR)에 의한 통치하에 놓였다.

코소보의 미래와 마케도니아로의 문제 확대

코소보는 독립할 것인가? 평화안 시행 직후에는 세르비아계 주민에 대한 알바니아계 주민의 보복공격이 발생하기도 했다. 2000년 10월 선거에서 세르비아계 주민이 선거 참가를 거부하고 온건파가 승리를 차지했다.

2001년 11월에는 세르비아계 주민까지 참가한 자치정부 수립을 위한 의회선거가 치러져 온건파인 코소보 민주동맹이 제1당이 되었다.

한편, 유고에서는 2000년 9월 치러진 대통령 선거에서 밀로셰비치가 패배했다. 2001년 4월 밀로셰비치는 직권 남용과 부정 축재 혐의로 체포되어 6월 유엔 구 유고슬라비아 국제전범재판소(구 유고 해체 과정에서 발생한 '민족정화' 등 중대한 인도적인 위반 행위를 재판하기 위해 설치된 재판소)로 넘겨졌다.

또 난민이 된 알바니아계 주민의 귀환이 이루어지고 있기는 하지만, 보복이 두려워 코소보를 떠나 난민이 된 세르비아계 주민의 귀환이 새로운 문제로 떠오르고 있다.

평화안은 불확정적인 요소가 코소보 문제 해결의 진전을 막았다. 평화안에는 코소보의 장래에 대한 구체적인 방안이 드러나 있지 않고, 신 유고 연방에 남아 있을 것인지 독립할 것인지에 대한 행방도 정해져 있지 않았다(이러한 상황이 여러 해 동안 거듭되면서 주민들의 불만 또한 쌓이고 있다. 이른바 '유엔 통치' 4년이 지나도록 코소보의 독립은 인정되지 않고 여전히 세르비아의 관할권이 인정되는 상황이다. 2003년 10월에는 이런 상황에 항의하는 시위가 코소보 내에서 처음으로 행해지기도 했다 — 옮긴이).

구 유고슬라비아 국제전범재판소

구 유고슬라비아 국제전범재판소는 밀로셰비치 구 유고 대통령 등에 의한 비인도적인 범죄를 재판하기 위해 임시로 설치된 재판소이다. 이는 구 유고의 분쟁에서 이루어진 민족정화의 죄를 물어야 한다는 국제 여론에 의한 것이었지만, 그 정당성에 대한 비판의 목소리도 높다. 전쟁의 승리자가 주도권을 잡고 판결을 내리기 때문이다.

제2차 세계대전 후 나치에 의한 유대인 학살과 같은 사태를 막기 위해 전쟁범죄를 재판하는 상설 국제형사재판소가 구상된 적이 있었으나 실현되지는 못했다.

1990년대 들어 구 유고에서의 민족정화를 정죄하기 위한 국제재판소 설치 움직임이 본격화되어 1998년 로마에서 국제형사재판소 설립 조약(로마 조약)이 채택되었다. 이에 따라 2002년 4월에는 조약 발효에 필요한 60개국의 비준을 얻어 같은 해 7월 국제형사재판소가 발족되었다.

그러나 국가의 권한을 넘어서는 재판소를 상설화하는 것에 반대하는 주장도 있어 미국, 러시아, 중국 그리고 일본도 설립 조약에 비준하지 않았다.

마케도니아로 문제가 확대 | 한편 코소보 내에서 다수파를 차지하고 있는 알바니아계 주민은 구 유고 남단의 마케도니아 공화국에서는 소수파로 살아가고 있다.

마케도니아는 1991년 독립을 선언, 정부와 소수파인 알바니아 무장 세력(NLA)과의 충돌이 있었다. 유엔은 보스니아 분쟁의 영향이 마케도니아까지 번지는 것을 우려해 처음으로 예방적 차원에서 유엔군(유엔보호군)을 파견했다. 마케도니아 정부도 알바니아계 주민 배려 정책을 마련하는 등 포용책이 이루어지고 있다.

그러나 코소보 분쟁에 의해 알바니아인 난민이 코소보에서 마케도니아로 유입되자 문제가 다시 불거졌다. 2001년 핵심 세력의 대부분

새로운 희망, 진지치의 암살

세르비아는 2000년 밀로셰비치 축출 후 세르비아 민주당(DSS)의 보이슬라브 코슈투니차 유고 대통령을 뽑으면서 새로운 전환기를 맞이한다. 하지만 18개 정당연합체를 이끈 것은 진지치였다. 진지치는 2000년 12월 총선에서 승리, 2001년 1월 오십여 년 만에 처음으로 유고에서 비공산 정권을 이끄는 총리에 취임했다. 그러나 점진 개혁을 주장하는 코슈투니차 대통령과 사사건건 대립한다. 진지치는 '유럽의 세르비아', 친서방 외교 정책을 표방하며 빠른 경제성장을 유도하려 했지만 경제 상황은 나아지지 않았다.

느슨한 국가연합관계를 유지하던 세르비아와 몬테네그로는 3년 안에 완전 분리독립한다는 계획 아래 실무작업을 진행시켰다. 그러다가 2003년 3월 진지치가 코슈투니차 전 대통령 측근에 암살됨으로써 이 계획은 교착 상태에 빠져 있다. (옮긴이)

이 과거 코소보 해방군 소속이었던 NLA와 마케도니아 정부군이 충돌, 한때 NLA가 수도 근처까지 압박하기도 했다.

2001년 7월 NATO의 중개로 정전이 성립되고, 8월에는 NATO군이 파견되어 무장 세력의 무기 회수가 이루어졌다.

그후 두 민족의 정당 사이에서 알바니아계 주민의 지위 개선 등에 관한 합의가 이루어져 헌법과 지방자치법의 개정이 진행되고 있다.

북아일랜드 분쟁
영국으로서는 포기할 수 없는 '식민지' 북아일랜드

》영국 VS. 북아일랜드 《

1922년 아일랜드가 영국으로부터 자치권을 획득해 독립. 프로테스탄트계 주민이 많은 **북아일랜드는 영국에 잔류**. 이후 이 지역의 귀속을 둘러싸고 분쟁이 시작됨

1937년 아일랜드가 헌법을 제정하고 **정식으로 독립**. 북아일랜드는 영국령으로 남음

1969년 북아일랜드에서 프로테스탄트계 주민과 가톨릭계 주민 사이에 대규모 충돌이 발생. IRA(아일랜드 공화군)가 테러 활동을 개시

1972년 민간인 시위에 영국군이 발포한 **'피의 일요일 사건'** 발생. 혼란이 확대되자 영국이 북아일랜드를 직접 통치

1993년 영국, 아일랜드 양 정부가 **평화를 선언**

1994년 IRA가 테러 활동을 중지하나 평화 교섭이 정체되자 1996년 활동 재개

1998년 영국의 블레어 총리의 제안으로 평화 합의 성립. 1999년 **북아일랜드 자치정부 발족**

2001년 7월 무장해제에 응하지 않는 IRA에 항의해 **트림블 자치정부 총리가 사임**

2001년 9·11 테러 발생. 세계적인 반테러 움직임에 따라 **IRA가 무장해제에 착수.** 평화를 향한 노력이 진전됨

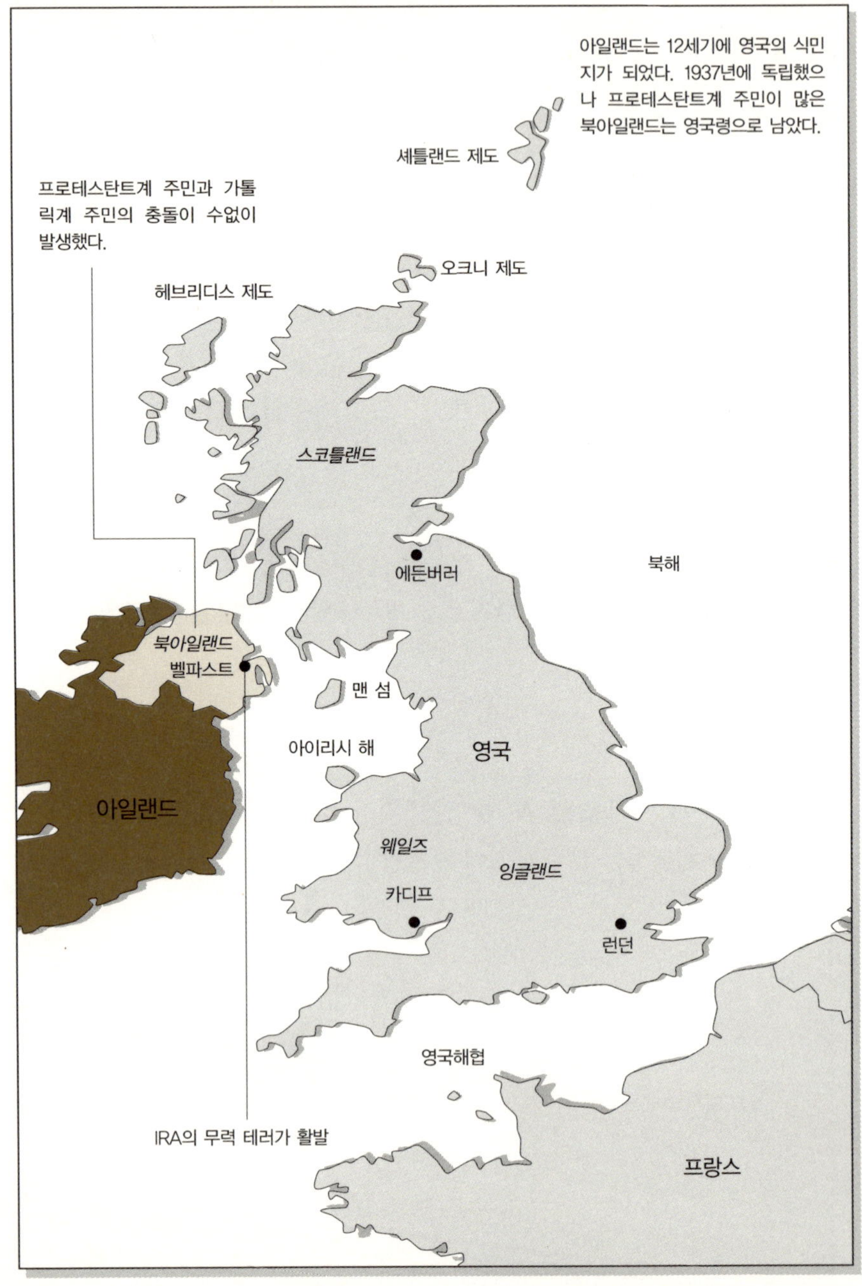

아일랜드는 12세기에 영국의 식민
지가 되었다. 1937년에 독립했으
나 프로테스탄트계 주민이 많은
북아일랜드는 영국령으로 남았다.
셰틀랜드 제도
프로테스탄트계 주민과 가톨
릭계 주민의 충돌이 수없이
발생했다.
헤브리디스 제도
오크니 제도
스코틀랜드
에든버러
북해
북아일랜드
벨파스트
맨 섬
아이리시 해
영국
아일랜드
웨일즈
잉글랜드
카디프
런던
영국해협
IRA의 무력 테러가 활발
프랑스

9 · 11 테러가 평화를 추동

영국 지배에 대한 저항 | 영국 본토(그레이트브리튼 섬)의 서쪽에 있
는 아일랜드 섬. 아일랜드 섬의 대부분은 아일랜드 공화국이지만, 북
부 일부 지역은 영국령이다. 바로 이곳이 북아일랜드이다.

북아일랜드는 아일랜드로의 귀속을 바라는 주민과 그에 반대해 영
국의 일부로 잔류하기를 바라는 주민 사이에 대립이 계속되어왔으
며, 1990년대에 들어서도 무장조직 IRA(아일랜드 공화군)가 폭탄 테
러를 통한 반영 투쟁을 계속하고 있다. 이 나라에서의 분쟁은 할리우
드 액션영화의 소재가 되기도 해, IRA가 악당 역으로 등장한 영화를
기억하는 사람들도 많을 것이다.

북아일랜드 분쟁은 이 땅을 둘러싼 영국과 아일랜드의 영토 분쟁
이라는 측면 외에, 같은 크리스트교도이면서도 아일랜드와 같은 가
톨릭인 소수파 아일랜드계 주민(이하 가톨릭계 주민)과 프로테스탄
트인 다수파 영국계 주민(이하 프로테스탄트계 주민) 간의 종교적 대
립이라는 측면도 가지고 있다. 북아일랜드의 중심 도시인 벨파스트
에서는 양 주민의 거주지를 나누는 철조망이 쳐져 있어 대립의 뿌리
깊음을 나타내고 있다.

IRA의 무장해제 | 북아일랜드 분쟁은 1960년대 말부터 본격화되기

시작했으며, 1990년대 전반까지 이 분쟁으로 인한 사망자는 3천 명이 넘는다. 테러와 유혈 사태에 대한 혐오감으로 상호 양보의 노력이 시작되어, 몇 번의 난항을 겪은 끝에 1998년 4월에 드디어 평화 합의가 이루어지고 1999년 12월에는 북아일랜드 자치정부가 탄생했다.

북아일랜드 의회에서는 IRA의 정치조직인 신페인(Sinn Fein)당이 의석을 획득하여 IRA의 합법조직으로의 이행을 추진했다. 그러나 한편에서는 IRA의 무장해제가 평화를 향한 최대의 과제가 되었다. 평화 합의 이후에도 무장해제는 좀처럼 이루어지지 않았다. 2001년 7월에는 자치정부의 트림블 수석장관이 IRA에 항의해 사임하는 사태가 벌어졌다.

그러나 2001년 9월 9·11 테러가 발생하자 세계적인 반테러 기운의

이혼과 얽힌 종교 문제

아일랜드인에게 가톨릭에서 프로테스탄트로 개종을 강제한 헨리 8세는 원래 가톨릭이었다(영국도 원래는 가톨릭 국가였다).

그러나 왕비와 이혼하고 애인과 재혼하려 한 헨리 8세는 교의상 이혼을 인정하지 않는 로마 교회(가톨릭의 총본산)와 대립하여 독자적으로 영국 국교회를 창설했다. 이것이 루터의 종교개혁으로 이어져 이후 영국 국교회는 프로테스탄트가 되었다.

그후 영국은 청교도혁명을 통해 군주제를 폐지했다. 그런데 이 청교도들은 과격한 프로테스탄트로, 전통적인 로마 교회는 물론 영국 국교회에 대해서도 반발했다. 그리고 가톨릭교도의 섬인 아일랜드를 침공해 가톨릭을 탄압하기 시작했다.

영향을 받아 IRA가 무장해제를 개시했다. 북아일랜드 분쟁이 평화적 해결을 향해 나아가기 시작한 것이다.

12세기에 시작된 영국의 아일랜드 지배

영토 분쟁 + 종교 대립 12세기 중엽 아일랜드는 영국 국왕 헨리 2세에 의해 정복되어 식민지가 되었다. 이것이 아일랜드 지배의 시작이다. 16세기에는 헨리 8세가 자신의 이혼 문제를 계기로 로마 교황(가톨릭의 총본산)과 대립해 가톨릭에서 분리되어 영국 국교회(프로테스탄트)를 창설하고 가톨릭교도인 아일랜드인에게 개종을 강제했다. 영국 대 아일랜드의 영토 문제에 종교적인 대립이 더해진 것이다.

그리고 17세기에 들어 제임스 1세가 북아일랜드에 영국계 주민을 다수 이주시킴으로써 프로테스탄트계 주민이 북아일랜드에서 다수를 점하게 되었다. 이것이 지금의 북아일랜드 분쟁의 근원이다.

독립운동의 과격화 18세기 미국의 독립과 프랑스 혁명의 영향을 받아 아일랜드에서도 독립운동이 활발해졌다. 그러나 1801년 영국은 오히려 식민지였던 아일랜드를 병합해버렸다. 1840년대 후반에는

1백만 명 가까운 아사자를 낳은 대기근이 발생한다. 기근과 영국의 압정을 피해 신대륙 미국으로 향하는 이민이 급증하면서 아일랜드 인구는 감소한다. 19세기 후반에는 미국으로 넘어간 아일랜드 이민이 3백만 명을 넘었다.

독립운동은 계속되어, 1905년에는 '신페인당'이 결성된다. 그리고 1914년 영국 의회에서 아일랜드에 일정한 자치를 인정하는 법안이 채택되었다.

그러나 프로테스탄트계 주민이 많은 북부에서는 영국 잔류를 주장하는 목소리가 높았으며, 더욱이 제1차 세계대전의 발발로 인해 법안의 시행은 이뤄지지 못하고 말았다.

또한 이 무렵 아일랜드의 독립에 의해 소수파가 되는 것을 우려한

프로테스탄트계 주민의 무장조직

IRA(아일랜드 공화군)라는 이름은 할리우드 액션영화의 악역으로 종종 등장했기 때문에 전세계적으로 잘 알려져 있다. 그 때문에 북아일랜드 분쟁에서 IRA만이 테러 활동을 하고 있는 것 같은 인상을 받게 되지만, 사실 '얼스터 방위협회(UDA)' '얼스터 자유전사단(UFF)' '얼스터 의용군(UVF)' 등 프로테스탄트계 무장조직도 테러 활동으로 많은 희생자를 낳았다.

IRA는 무장해제 요구에 대한 불가 이유로 얼스터 경찰의 무기 소지 문제를 거론한다. 비무장(곤봉 휴대)이 기본인 영국 경찰과는 달리 얼스터 경찰은 항상 권총을 소지하고 있다.

프로테스탄트계 주민들 사이에서 '얼스터 의용군' 등의 무장조직이 만들어져 가톨릭계 주민에 대해 공격을 시작했다.

1차 세계대전중인 1916년, 영국으로부터 분리를 요구하는 '아일랜드 의용군'이라는 조직에 의해 무장봉기가 일어났으나, 영국군에 의해 진압되어 지도자 십여 명이 총살형에 처해졌다. 이 아일랜드 의용군이 훗날 IRA(아일랜드 공화군)의 원형이 되었다.

켈트인과 앵글로색슨인

북아일랜드 분쟁을 민족적인 관점에서 보면, 선주민인 켈트인을 나중에 정착한 앵글로색슨인이 지배한 역사라고 할 수 있다.

켈트인은 기원전 5세기경부터 그레이트브리튼 섬과 아일랜드 섬에 정착했다. 그후 앵글로색슨인이 건너와 그레이트브리튼 섬의 대부분을 지배했다. 앵글로색슨인은 그레이트브리튼 섬의 켈트인을 북부와 서부로 몰아냈을 뿐 아니라 아일랜드 섬까지도 자신들의 지배권 안에 두었다.

현재 그레이트브리튼 섬은 영국, 스코틀랜드, 웨일즈 세 지역으로 나뉘어 있다. 앵글로색슨인이 주로 정착한 지역이 영국이며, 켈트인이 쫓겨나 있는 지역이 스코틀랜드와 웨일즈이다.

역사적으로 그레이트브리튼 섬을 시작으로 유럽의 켈트인은 앵글로색슨인에 의해 정복당해 그들에 동화되었다. 아일랜드는 현재 유일하게 남아 있는 켈트인의 섬이다.

북아일랜드를 제외한 독립이 문제를 복잡화

영국에 잔류한 북아일랜드 ┃ 제1차 세계대전 후인 1919년, 국제적으로 민족의식이 높아짐에 따라 여러 국가가 생겨나는 가운데 아일랜드도 독립을 선언, 영국과의 독립전쟁을 거쳐 삼 년 후인 1922년에 자치권을 획득했다.

그러나 이때 아일랜드 32개 주 가운데 프로테스탄트계 주민이 많은 북동부 얼스터 지방의 6개 주는 영국령으로 남게 되고, 이 지역에 대립이 집약되어 '북아일랜드 분쟁'이 생겨났다.

또 6개 주(북아일랜드)를 제외한 독립이라는 타협안은 신페인당과 아일랜드 의용군 내부의 대립을 낳았다. 이로 인해 내전이 발발, 다음해인 1923년 타협안 찬성파가 승리했다.

1937년 아일랜드는 독자적인 헌법을 제정하고 정식으로 독립했다. 이 헌법에는 아일랜드의 영토가 아일랜드 섬 전부인 것으로 명시되어 있었다. 아일랜드는 제2차 세계대전 후인 1949년에 영연방에서 이탈해 독립국으로서 '아일랜드 공화국'이 되었지만, 남겨진 북아일랜드에서는 소수파인 가톨릭계 주민과 다수파인 프로테스탄트계 주민 사이의 대립이 깊어지고 있었다.

가톨릭계 주민에 대한 탄압 ┃ 아일랜드 섬 전체에서는 가톨릭계 주민

1960년대 말부터 북아일랜드 분쟁이 본격화되었으나 1998년
에 평화 합의가 이루어졌다. 다음해 12월 북아일랜드 자치정부
가 탄생했고, 9·11 테러 후 IRA가 무장해제에 착수했다.

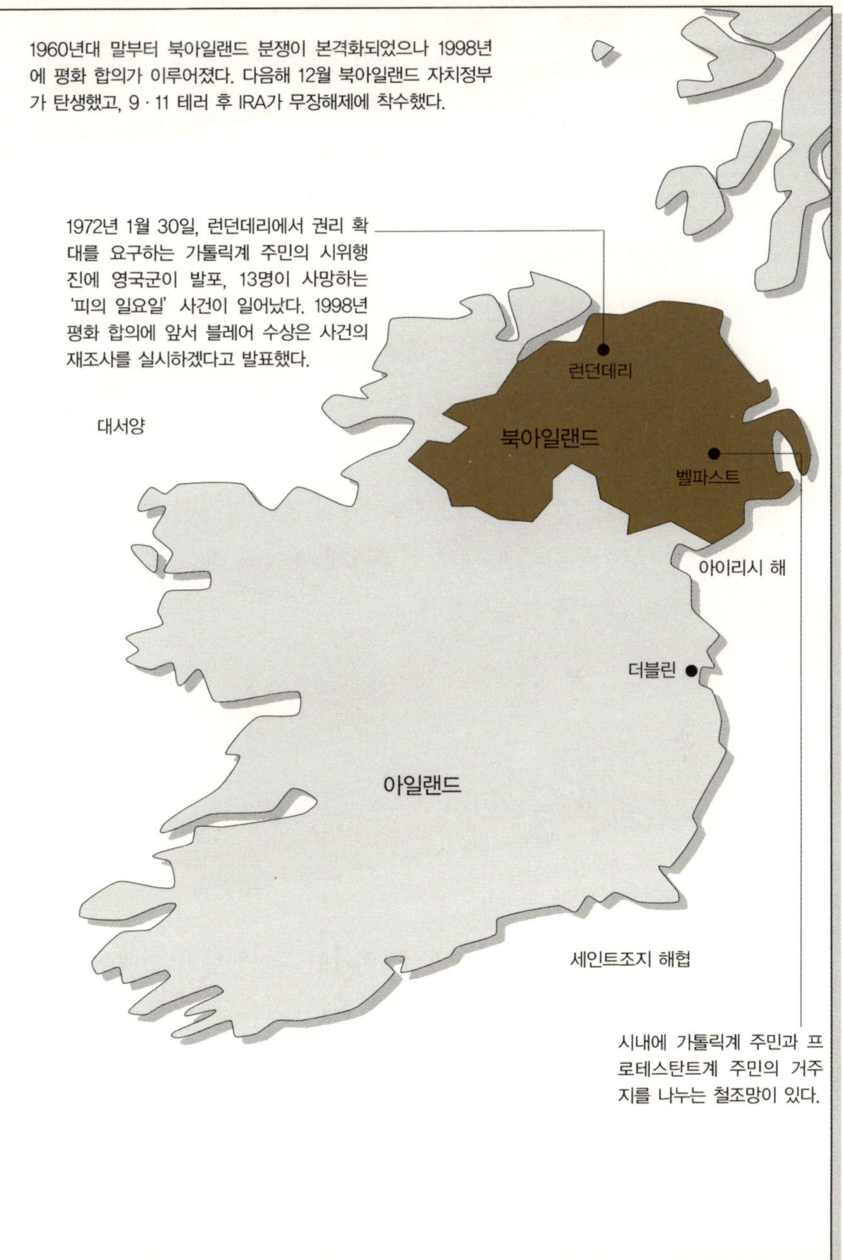

이 9할 이상을 차지하고 있지만, 북아일랜드에서는 17세기에 시작된 영국인 이주와 산업혁명 후 영국 자본의 적극적인 투자로 인해 프로테스탄트계 주민이 전체의 6할을 차지하게 되었다.

북아일랜드는 독자적인 정부와 의회가 인정되어 있지만, 프로테스탄트계 주민이 지배권을 유지하기 위해 자신들에게 유리한 선거 제도를 만들어 가톨릭계 주민의 정치적 진출을 가로막아왔다. 또한 역사적으로 오랫동안 억압당했던 가톨릭계 주민은 경제적으로도 가난해서 주민 사이의 격차는 심했다.

정부와 의회뿐 아니라 경찰(얼스터 경찰)도 주로 프로테스탄트계로 구성되어 있다. 영국 본토의 제복경찰과 달리 얼스터 경찰은 권총을 휴대한다. 이 무장이 때때로 가톨릭계 주민에 대한 심한 탄압을 낳아 IRA와의 대립을 격화시켰다.

영국 본토로 확대되는 테러

시위에 영국군이 발포 1969년 영국에 의한 북아일랜드 지배를 기리는 프로테스탄트 축제 '오렌지 데이'를 계기로 가톨릭계 주민과 프로테스탄트계 주민 사이에 대규모 충돌이 발생했다. 이에 IRA는 프로테스탄트계 무장조직과 얼스터 경찰에 대해 테러 활동을 개시했다.

이에 대응해 영국군이 북아일랜드에 주둔하게 되었고, 벨파스트 시내에는 두 주거지를 나누는 철조망 벽이 세워졌다. 이 무렵 미국에서의 공민권운동에 자극을 받아 아일랜드에서도 공민권운동이 활발하게 일어났고, 가톨릭계 주민의 권리 확대를 요구하는 운동은 필연적으로 독립을 요구하는 운동으로 이어졌다.

1972년 가톨릭계 주민의 시위에 영국군이 발포, 열 명 이상의 사망자를 낸 '피의 일요일' 사건이 일어났다. 희생자의 대부분은 무기를

피의 일요일 사건

1998년 북아일랜드 분쟁은 역사적인 평화선언을 하게 되는데 이에 앞서 블레어 총리는 1972년 1월 30일 북아일랜드의 런던데리에서 일어난 '피의 일요일' 사건의 재조사 실시를 발표했다.

당시 가톨릭계 주민은 취직, 공공주택 임대, 선거 등 여러 가지 면에서 차별대우를 받고 있었다. 북아일랜드에서도 미국에 자극을 받아 권리 확대를 요구하는 공민권운동이 활발해지고 있었다. 1월 30일의 시위도 그런 성격의 것이었다.

참가자는 대부분이 일반 시민이었고 시위는 축제 같은 분위기에서 행해졌다고 전해진다. 그러나 진압에 나선 영국군이 발포, 13명이 사망하는 참사가 벌어졌다(열네번째의 희생자가 같은 해 6월에 사망했다).

희생자의 대부분이 십대인데다 사건 직후 군이 "자기 방위를 위한 발포였다"고 발표한 것 때문에 가톨릭계 주민의 분노는 더욱 커졌고 IRA에 의한 테러 활동도 격렬함을 높여갔다.

존 레넌의 노래 〈블러디 선데이(Bloody Sunday)〉의 소재가 되기도 한 이 사건은 북아일랜드에게는 과거에 머물지 않는 역사다.

가지지 않은 일반 시민이었다. 이 사건에 자극받은 아일랜드 공화국에서도 항의 군중에 의해 영국 대사관이 습격당하기도 했다.

영국 정부는 치안 회복을 위해 북아일랜드 의회를 정지시키고 북아일랜드의 직접 통치에 나섰으나 IRA는 테러 활동을 한층 활발하게 전개해나갔다.

영국 본토로 확대되는 폭탄 테러 | 북아일랜드에서는 프로테스탄트계 무장조직이나 얼스터 경찰과 IRA와의 무력 충돌이 계속되었고, 매년 더 많은 일반 시민이 여기에 참가했다. 나아가 IRA는 테러를 영국 본토(그레이트브리튼 섬)로도 확대해나갔다.

1979년에는 요트에 설치한 시한폭탄으로 엘리자베스 여왕의 큰아버지인 마운트배튼 백작을 살해하고, 1984년에는 대처 총리(당시)에

보이콧 전술

'보이콧(boycott)'이란 아일랜드 독립운동의 역사가 낳은 말이다.

영국 지배 시기 아일랜드의 토지는 아일랜드에 살고 있지 않은 영국인 부재지주의 손에 넘어갔고 아일랜드인은 소작농민으로서 근근이 살아갔다.

흉년이 계속되던 19세기 후반, 농민들은 소작료 인상을 통보하러 온 부재지주의 대리인을 철저하게 무시했다. 이 대리인의 이름이 '보이콧'이었던 데서, 이러한 전술을 보이콧이라고 부르게 된 것이다.

게 폭탄 테러를 기도, 총리는 무사했으나 다섯 명이 사망했다. IRA는 이밖에도 런던 금융가 시티와 주요 역, 쇼핑센터 등에서 폭탄 테러를 계속했다.

1960년대 말 북아일랜드 분쟁이 본격화된 이래 1990년대 초까지 이 분쟁으로 인한 사망자는 3천 명, 영국 본토에서의 테러 희생자를 포함하면 3천5백 명에 달한다.

평화를 바라는 목소리가 높아지고 양보가 시작되다

테러에 대한 혐오감 확대 | 테러와 뒤이은 유혈사태에 대해 북아일랜드와 영국에서는 평화를 바라는 목소리가 높아졌다. 1993년 영국과 아일랜드 정부는 IRA에 테러 활동 중지와 대화 참여를 호소하는 공동선언을 발표했다. 다음해인 1994년에 IRA와 프로테스탄트계 무장조직이 정전을 선언하여 북아일랜드 분쟁은 종결의 조짐을 보였다.

그러나 당시 정권을 잡고 있던 보수당 정권이 IRA의 정치조직인 신페인당의 교섭 참여를 반대했고, 양측 무장조직의 무장해제를 둘러싼 교섭이 정체되어 결국 1996년 IRA의 테러 활동이 재개되었다.

1997년 영국에 18년 만에 노동당 정권이 탄생하면서 사태는 호전되었다. 블레어 총리는 IRA의 정전을 조건으로 신페인당의 참가를

1998년의 폭탄 테러 현장

인정하는 등 현실적인 문제 해결에 주력했다. 프로테스탄트계 주민의 최대 정당인 얼스터 통일당도 블레어 총리의 제안을 받아들여 1998년 평화 합의가 성립되었다. 1999년 12월 북아일랜드에 자치정권이 탄생했다.

영국의 주권에 구애되지 않은 해결책 평화안의 특징은 북아일랜드의 귀속 문제를 주민의 의견에 따르기로 한 점이다. 이는 영국이 북아일랜드의 주권을 방기하는 것을 의미하는 내용이지만, 유럽 전체가 EU(유럽연합)라는 하나의 공동체 형성을 향한 흐름에 발맞추어 국가라는 틀에 구애되지 않은 새로운 시대의 해결책이라고 할 수 있을 것이다.

그러나 세계의 현실은 그렇게 간단하지 않다. 최대 난제인 IRA의 무장해제를 둘러싸고 평화 과정이 답보 상태를 면하지 못해 2000년 3월에는 북아일랜드의 자치가 일시적으로 동결되었고, 2001년 7월에는 무장해제 요구에 응하지 않는 IRA에 항의하여 자치정부의 트림블 총리가 사임하는 사태가 벌어졌다.

그러나 2001년 9월 미국 9·11 테러가 발생하자 세계적인 반테러 기운의 영향을 받아 IRA가 무장해제에 착수하고 영국군의 철수와 얼스터 경찰의 개혁 등이 시작되었다.

평화에 반대하여 IRA에서 분리된 '리얼 IRA'라는 과격 집단이 북아일랜드 내에서 폭탄 테러를 벌이는 등 불안 요인이 여전히 남아 있지만, 이 평화는 세계의 다른 지역에서의 분쟁 해결의 모범 사례가 될 것으로 기대되고 있다.

체첸 분쟁
러시아로부터의 완전 독립을 바라는 체첸인의 고난의 역사

》러시아 VS. 체첸 공화국 《

1991년 11월 소련으로부터 독립 선언. 소련 붕괴(같은 해 12월) 후 **러시아 연방 가입 거부**

1994년 12월 **러시아가 체첸을 침공**(제1차 체첸 분쟁). 체첸의 저항이 계속되었으나 1996년 8월 독립 문제를 2001년까지 연기하기로 합의하고 정전 성립

1999년 체첸의 이슬람 반군이 **다게스탄 침공**. 이에 러시아가 다시 체첸 침공(제2차 체첸 분쟁)

2000년 4월 러시아가 체첸에 대한 대규모 군사행동 중지를 선언. 같은 해 6월, 러시아가 체첸에 **직할통치제를 도입**. 그러나 반군에 의한 반격과 테러가 이어짐

↓

2001년 11월 러시아와 체첸 반군 대표가 **모스크바에서 회담**

↓

2001년 9·11 테러 발생. 러시아가 국제적인 '**테러와의 전쟁**' 분위기를 이용해 체첸 반군을 압박

↓

2002년 8월 체첸 반군이 러시아군 **대형 헬기를 공격**해 러시아군 1백 명 이상이 사망하는 등 대규모 충돌이 계속됨

↓

2002년 10월 23일 체첸 반군이 모스크바 뮤지컬 극장에서 러시아 사상 최대의 인질극을 벌임. 반군 40여 명과 120여 명의 민간인 피해자가 생김

흑해와 카스피 해 사이에 위치한 체첸

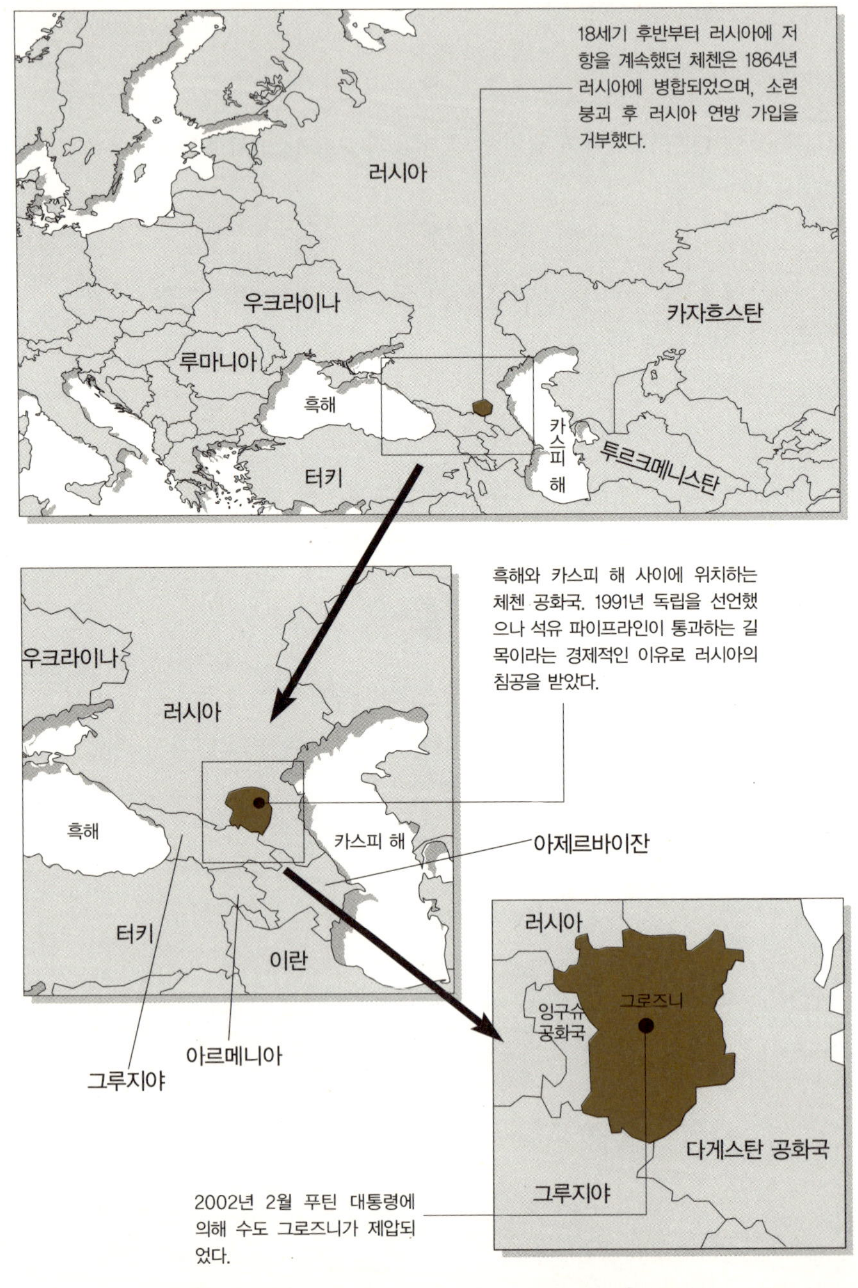
18세기 후반부터 러시아에 저항을 계속했던 체첸은 1864년 러시아에 병합되었으며, 소련 붕괴 후 러시아 연방 가입을 거부했다.
러시아
우크라이나
루마니아
흑해
터키
카자흐스탄
카스피 해
투르크메니스탄
흑해와 카스피 해 사이에 위치하는 체첸 공화국. 1991년 독립을 선언했으나 석유 파이프라인이 통과하는 길목이라는 경제적인 이유로 러시아의 침공을 받았다.
우크라이나
러시아
흑해
카스피 해
아제르바이잔
터키
이란
아르메니아
그루지야
러시아
잉구슈 공화국
그로즈니
다게스탄 공화국
그루지야
2002년 2월 푸틴 대통령에 의해 수도 그로즈니가 제압되었다.

분쟁의 배경—18세기부터 계속된 대립의 역사

대국에 유린당해온 체첸의 역사 체첸 분쟁의 배경에는 체첸과 러시아의 오랜 대립의 역사가 있다.

흑해와 카스피 해 사이에 있는 카프카스 지방은 카프카스 산맥에 의해 남북으로 나뉘어진다. 체첸은 산맥의 북쪽, 북카프카스 지방에 위치한다.

18세기 후반, 러시아는 식민지 획득을 위해 북카프카스 지방을 침략했다. 체첸은 이슬람교 지도자 아래 단결하여 반세기에 걸쳐 저항을 계속했으나 결국 1864년 러시아에 병합되었다. 카프카스 산맥은 유럽과 아시아의 경계에 위치해 러시아에게는 국가의 안전을 위해서 중요한 지역이었다.

러시아 혁명(1917년) 때 다시 독립을 시도했으나 결국 체첸-잉구슈 자치공화국으로서 소비에트 연방에 속하게 되었다.

제2차 세계대전이 시작되자 스탈린은 적국 독일에 협력했다는 이유로 약 4십만 명의 체첸인과 잉구슈인을 중앙아시아로 강제 이주시켰다. 이로 인해 체첸-잉구슈 공화국은 일시적으로 소멸하게 된다. 1957년 체첸인, 잉구슈인의 명예가 회복되어 귀환이 허락되었고, 공화국은 다시 세워졌다.

폐허가 된 그로즈니 시내

러시아 연방 가입을 거부

체첸 등 북카프카스 지방에는 옛날부터 이슬람교가 퍼져 있었다. 1990년대 초에는 중동 이슬람 원리주의의 영향이 강해져 소련에 대한 반발이 한층 심해졌다.

1991년 10월 소련 붕괴의 움직임이 거세지는 가운데, 체첸-잉구슈 공화국에서 대통령 선거가 치러져 체첸 독립과 북카프카스 지방의 이슬람 세력 결집을 외친 두다예프가 당선되었다.

이때 잉구슈가 분리되어 체첸 공화국이 탄생했다.

같은 해 12월에 소련이 붕괴되고, 뒤를 이어 성립한 러시아 연방(이하 러시아)이 체첸에 연방 가입을 요구했으나, 두다예프 대통령은 이를 거부했다.

1994년 12월 러시아가 독립을 저지하기 위해 체첸을 침공, 제1차 체첸 분쟁이 발발했다. 러시아는 며칠 만에 전투가 종결될 것으로 예상했으나, 주변의 잉구슈와 다게스탄을 시작으로 1980년대에 소련의 침공에 맞서 싸웠던 아프가니스탄 등 중앙아시아의 이슬람 국가들이 체첸을 지원하고 나섰다.

무자헤딘의 지원을 받은 체첸 측의 저항은 격렬해, 러시아는 대규모 폭격으로 한 달 만에 겨우 수도 그로즈니를 제압할 수 있었다. 이때 6만~7만 명의 시민이 희생되었다고 한다.

그후에도 체첸의 저항은 계속되었다. 그러나 1996년 4월 두다예프 대통령이 러시아의 공격으로 사망하면서 같은 해 8월 독립 문제를 2001년 말까지 연기할 것을 러시아와 합의하고 정전한다.

'테러와의 전쟁'을 좇아 러시아의 공격이 이어지다

제2차 체첸 분쟁 | 체첸과 러시아는 1997년 5월에 평화조약을 체결했으나 1999년 8월 인접국인 다게스탄 공화국에서 이슬람 세력에 의한 독립운동이 일어나자 체첸의 무장세력이 이에 연대하여 다게스탄에 침공, 이슬람 국가로서의 다게스탄 공화국의 독립과 러시아에 대한 성전을 주장했다.

이 무렵 모스크바에서 체첸인의 범행으로 보이는 테러 사건이 발생하자 러시아가 다시 체첸에 대한 공격을 개시, 제2차 체첸 분쟁이 발발했다.

제2차 체첸 분쟁 사이에 옐친 대통령이 사임하고 대통령 대행으로 푸틴이 취임(2000년 3월 대통령 선거로 대통령에 정식 취임)한다. 푸틴은 체첸에 대해 완강한 자세를 취해 '강한 러시아'라는 입장을 국

체첸을 통과하는 석유 파이프라인

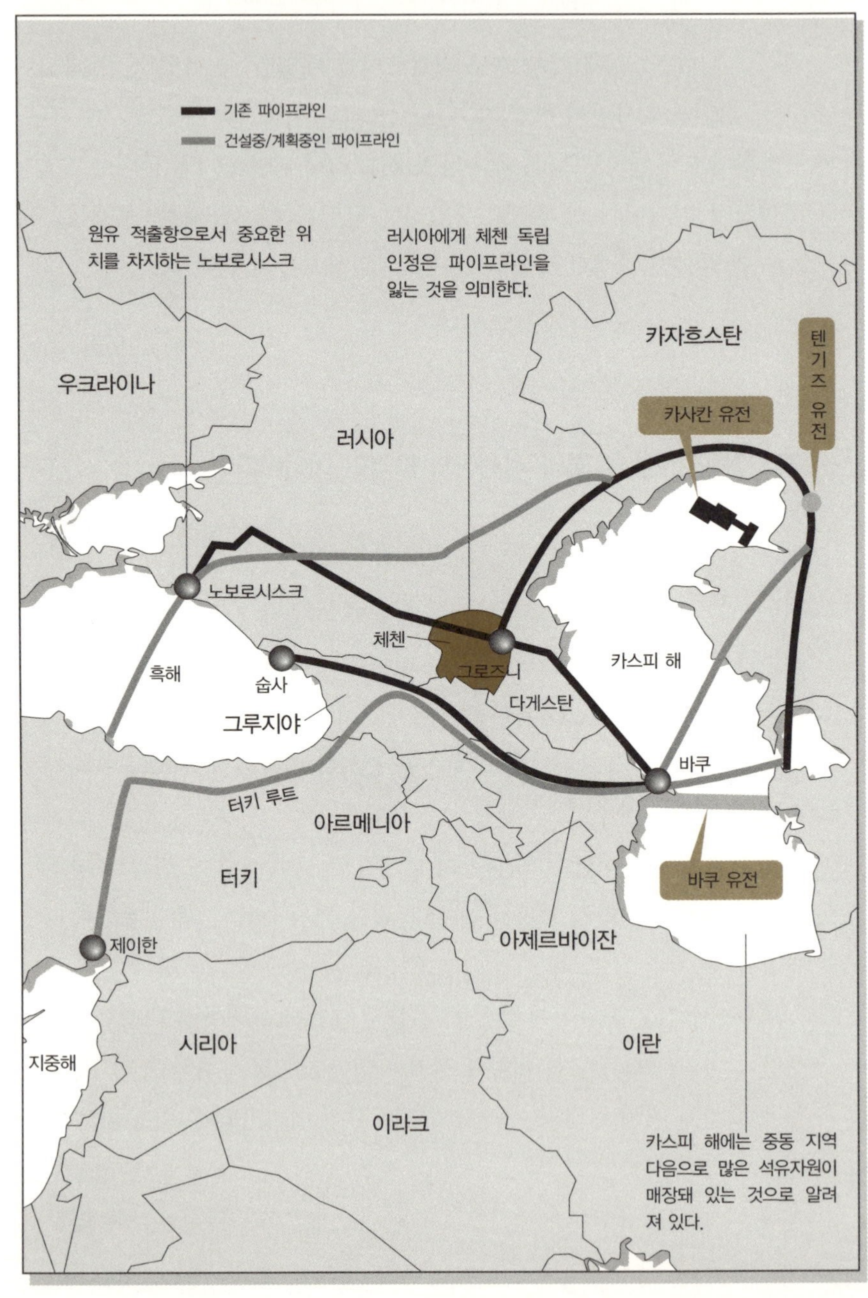

내외에서 확고히 하려 했다. 러시아는 2000년 2월 수도 그로즈니를 점령하고 같은 해 6월에 체첸을 직할통치 지역으로 만들었다.

인도적인 측면에서 푸틴의 강경 자세에 대한 국제적인 비판이 있었으나, 2001년 9월 미국의 9·11 테러 이후 푸틴은 국제적인 '테러와의 전쟁' 분위기를 이용해 체첸 반군을 압박했다. 또한 아프가니스탄에서 온 무자헤딘의 일부가 오사마 빈 라덴의 지원을 받은 것으로 지목되어 미국이 이를 공격, 그 세력이 약화된 것도 유리하게 작용했다.

푸틴은 2002년 4월에 군사작전 종결을 선언했으나 8월 체첸 반군이 러시아군의 대형 수송헬기를 공격하고 10월에는 모스크바의 극장에서 인질 테러 사건이 발생하는 등 충돌이 계속되고 있다.

석유를 둘러싼 싸움 앞에서 밝힌 것처럼 체첸은 유럽과 아시아를 잇는 중요한 위치에 있다. 그 이상으로 체첸 분쟁에는 석유를 둘러싼 이권 문제가 얽혀 있다.

체첸은 원유를 산출할 뿐만 아니라 중동 다음으로 많은 석유 자원이 매장돼 있는 것으로 알려진 카스피 해와 원유 수출항이 있는 흑해를 연결하는 파이프라인이 통과하고 있다. 러시아에게 체첸의 독립을 인정한다는 것은 이 파이프라인을 잃는 것과 같다. 러시아가 인구 약 90만 명의 작은 나라를 포기하지 않는 데는 이 같은 경제적인 이유가 크게 작용하고 있는 것이다.

3세기에 걸쳐 민족독립운동을 지속하고 있는 바스크와 스페인

현재 바스크 지방은 자치권을 가진 스페인의 지방행정단위이다. 주민 일부는 바스크어를 모국어로 하고 독자적인 문화를 지키고 있다. 바스크인의 역사는 기원전까지 거슬러 올라간다. 옛날부터 독립심이 강하고 자부심이 높은 민족으로 알려져 있으며, 18세기부터 민족주의 운동이 계속되고 있다.

1931년 바스크 남부 지방의 주민 대표들이 자치헌장안을 작성했으나 스페인 정부에 의해 폐기되고 1933년 '바스크 자치주'가 탄생했다. 1936년 프랑코 장군이 쿠데타를 일으켜 스페인 내전이 발발한 직후 스페인 공화국 의회는 자치헌장의 공포를 승인했다.

그러나 바스크 자치정부는 프랑코 장군의 손에 의해 제압되었고, 프랑코 독재정권하에서 '망명정부'가 되고 말았다. 테러 활동을 전개하기도 한 ETA(바스크 조국과 자유)가 이 시기에 생겨난다.

바스크 자치가 다시 승인된 것은 독재정권 붕괴 후인 1979년부터이다. 스페인 공화국 신헌법에 따라 바스크에는 고도의 자치가 확립되었다. 그러나 완전 독립을 요구하는 바스크 급진파는 '자치'에 만족하지 않고 지금도 가끔씩 테러 미수나 경찰과의 충돌 사건을 일으키고 있다. 1998년 ETA가 일방적으로 정전을 선언하고 정부와의 대화를 제안했으나 다음해 8월에 대화를 중지하고 테러 활동을 재개했다.

2002년 8월, 스페인 정부는 ETA를 지원하고 있는 것으로 알려진 정당 '바타수나'의 비합법화를 요구하는 소송을 최고재판소에 제기했다. 이러한 움직임에 따른 테러의 과격화를 우려한 ETA 내 온건파는 정부, 사법당국을 비판했다. 바스크 독립을 둘러싼 문제는 3세기를 이어져오고 있다.

5장

아프리카 지역의 분쟁

르완다 내전

평온하게 공존하던 부족이 식민지 시대를 거치며 증오의 대상으로

》투치족 VS. 후투족 《

19~20세기 초 독일, 벨기에에 의해 식민지화. **소수파인 투치족을 우대**

1950년대 독립의 기운을 감지한 벨기에가 **후투족 지원책으로 전환**

1959년부터 투치족에 대한 후투족의 보복이 자행되고 **투치족 학살이** 시작됨

1962년 **르완다가 벨기에로부터 독립**. 국외로 탈출한 투치족이 우간다의 반란군과 손을 잡고 르완다 애국전선(RPF)을 결성

1994년 르완다 애국전선이 수도 키갈리를 제압, **투치족이 주도한 신정권 발족**. 후투족에 의한 투치족 학살이 시작됨

↓

1995년 유엔 안전보장이사회가 **유엔 르완다 국제형사재판소를** 설치

↓

1998년 콩고 민주공화국(구 자이르)의 **내전으로 확대**. 르완다와 우간다가 반정부 세력을, 짐바브웨와 앙골라, 나미비아가 정부군을 지원. 전투와 분쟁에 따른 식량 부족 등으로 2백만 명 가량이 사망

↓

2002년 7월 콩고의 카빌라 대통령과 르완다의 카가메 대통령이 **콩고 분쟁의 종결을 위한 평화협정**에 조인

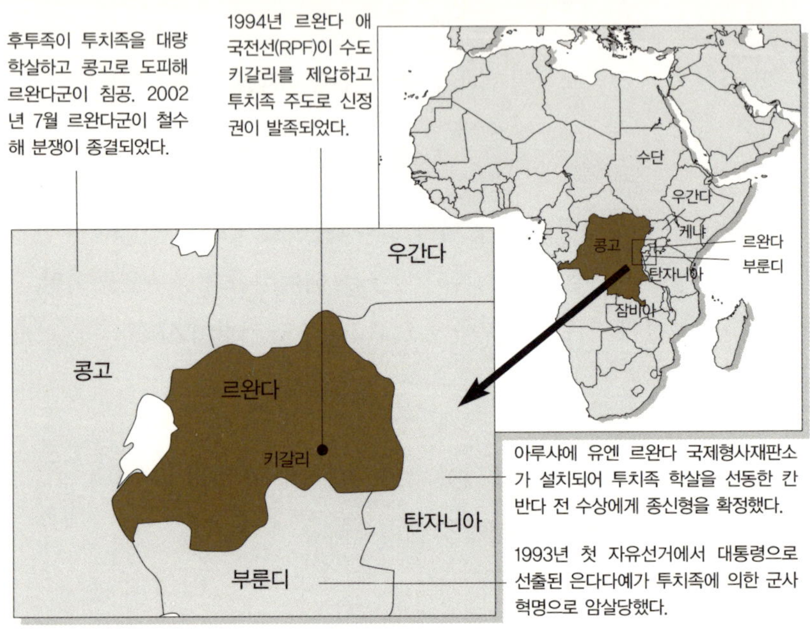

후투족과 투치족 사이의 끝없는 증오

식민지 지배가 만든 대립 르완다는 적도 바로 아래의 열대우림 지대에 위치하는, 아프리카 대륙 중앙부의 작은 국가이다. 르완다는 기원전 800년경부터 후투족과 투치족이라는 두 부족이 정착해왔다. 9대 1의 비율로 후투족이 압도적 다수를 점하고 있다. 후투족은 농경민

족, 투치족은 유목민족이다. 소를 소유하는 투치족이 농경민족인 후
투족에 비해 부유한 계층이지만, 후투족도 부자가 되어 소를 소유하
면 투치족으로 간주되었다. 부족간의 결혼도 아주 자연스럽게 이루
어졌으며, 두 부족은 평온하게 공존하고 있었다.

사정이 바뀐 것은 19세기 들어 식민지 지배를 받게 되면서부터이
다. 르완다는 19세기 말에는 독일의 식민지가, 제1차 세계대전 후에
는 벨기에의 위임통치령이 되었다. 두 선진국 모두 투치족의 국왕제
를 지지하여 투치족과 후투족의 대립을 조장하는 정책을 취했다. 즉
투치족에 대해서만 교육을 시행하고 투치족만을 우선적으로 공무원
으로 채용했으며, 신분증명서에 종족을 명기하도록 한 것이다. 1950
년대 들어 벨기에의 정책에 변화가 일어났다. 투치족 사이에서 독립
의 기운이 높아지면서 벨기에가 후투족을 지원하게 된 것이다. 이런
우호적 배경을 바탕으로 후투족이 투치족에 대한 보복활동을 개시하
여 많은 투치족이 국외로 탈출한다. 르완다 독립의 기운은 수그러들
지 않아 1962년 마침내 벨기에는 르완다의 독립을 승인하게 되었다.

후투족에 의한 대량학살 │ 국외로 탈출한 투치족은 우간다의 투치족
반란군과 함께 '르완다 애국전선(RPF)'을 결성하여 과격한 전투집
단이 되었다. 1973년 후투족 출신 국방장관인 하비야리마나가 군사
쿠데타를 일으켜 1975년에 대통령으로 취임했다.

1990년대에는 RPF가 르완다를 침공, 후투족이 주도하는 정부군과

RPF가 각각 상대 부족을 무차별 학살하는 참극이 벌어졌다. 이 내전은 1994년 RPF가 수도 키갈리를 제압하면서 일단 종결되었다. 하비야리마나 대통령은 암살되고, 주권은 다시 투치족으로 넘어갔다. RPF가 발족시킨 정부는 대통령을 후투족, 부통령을 투치족으로 하고 신분증명서의 민족란을 삭제하는 등 공존 노선을 취했다. 그러나 대량 학살에 관여한 후투족을 차례로 체포, 구금하고 축구장에서 공개 처형하는 등 후투족에 대한 증오가 해소된 것은 아니었다.

콩고 내전으로 확대 투치족에 의한 신정부가 발족한 1994년에는 후투족에 의한 투치족 대량학살이 벌어졌다. 투치족이 주도한 신정부의 탄압을 두려워한 후투족은 인접 국가인 콩고(구 자이르)로 도주했고, 이를 토벌하기 위해 르완다군이 콩고를 침공, 르완다의 부족 분쟁은 콩고 내전으로 확대되었다.

1995년 12월 유엔 안전보장이사회가 탄자니아의 아루샤에 유엔 르완다 국제형사재판소를 설치, 1996년부터 학살에 관여한 용의자 53명을 대상으로 공판을 시작했다. 여기에서 칸반다 전 수상에게 종신형이 확정되는 등 재판이 진행되고 있다.

2002년 7월 콩고의 카빌라 대통령과 르완다의 카가메 대통령은 남아프리카의 프리토리아에서 콩고 분쟁의 종결을 위한 평화협정에 조인했다. 콩고의 반정부 세력을 지원하고 3만 명 규모의 부대가 콩고에 진군하고 있던 르완다가 평화를 약속한 것이다. 주변 5개국이 개입한 콩고 분쟁은 종결을 향해 전진하게 되었다. 평화합의에서 르완다는 후투족 세력의 적발을 조건으로 군 철수를 약속했고, 콩고는 르완다에서 대학살을 일으키고 콩고 국내로 도주한 후투족 반군의 비무장화와 본국 송환에 동의했다. 한편 르완다 국내에서는 민족융화정책이 계속되고 있지만 국외에서 피난생활을 하고 있는 후투족 대부분은 투치족의 복수가 두려워 귀환을 주저하고 있는 것이 현재의 상황이다.

대통령 암살까지 야기한 부룬디의 대립

투치족과 후투족의 비율이 르완다와 거의 같은 부룬디에서도 두 부족이 대립, 1965년 투치족이 독재 체제를 확립하고 후투족에 대한 박해를 가했다. 부룬디는 1970년대부터 1990년대에 걸쳐 후투족의 폭동 등으로 불안정한 상태였다가 1993년 첫 자유선거가 실시되어 후투족 계열의 정당 '부룬디민주전선'의 은다다예가 신임 대통령으로 취임했다. 그러나 같은 해 10월에 투치족에 의한 군사혁명이 발발하면서 은다다예 대통령은 암살당했고, 양 부족간에 다시 학살이 시작되었다. 2000년 8월에 평화협정에 조인하고, 2001년에 임시정부가 발족했으나 언제 다시 폭동이 일어날지 알 수 없는 상황이다(2003년 11월 18일, 넬슨 만델라 전 남아공 대통령의 끈질긴 중재로 2000년 평화협정을 구체화한 협정을 맺었다. 후투족 반군이 3개월 안에 무장해제를 하고 군과 정부 요직을 맡는다는 것이 그 내용이다. 그러나 2대 반군인 민족해방군은 참여하지 않아 여전히 불씨는 남아 있다 ― 옮긴이).

소말리아 내전
민족주의 운동 '판 소말리즘'의 실패가 부른 내전

》소말리족 VS. 주변국 《

1880년대 영국, 프랑스, 이탈리아가 소말리아 반도로 진출. **소말리족 거주지를 분단**하고 식민지화

1960년 이탈리아령 남부와 영국령 북부가 병합, 독립. **'판 소말리즘'** 고양

1960~1970년대 소말리아 주변의 소말리족 거주지를 병합하려는 움직임이 활발해짐. 1977년부터 1978년에 걸쳐 두 번의 **'오가덴 분쟁'** 이 발발

1980~1990년대 소말리족 내의 씨족간 분쟁에 의해 **내전이 빈발**. 1991년 바레 정권이 붕괴하자 각 씨족들이 반정부 조직을 결성, 내전 상태로 돌입

1992년 12월 유엔 소말리아 활동(OSOM)으로 다국적군이 파견되었으나 130명 이상의 희생자를 내고 1995년 완전 철수, **유엔 PKO (평화유지군) 활동이 실패로 끝남**

2000년 지부티 공화국 주도로 열린 **알타 평화회담**에서 임시정부가 발족하고 압델카심 살라드 하산이 대통령에 취임

현재까지 **각 씨족간 분쟁**이 계속됨. 유엔 아동기금의 소말리아인 직원이 납치되고 임시정부의 관광장관이 무장세력에게 납치되는 등 납치, 살인 사건이 계속되고 있음

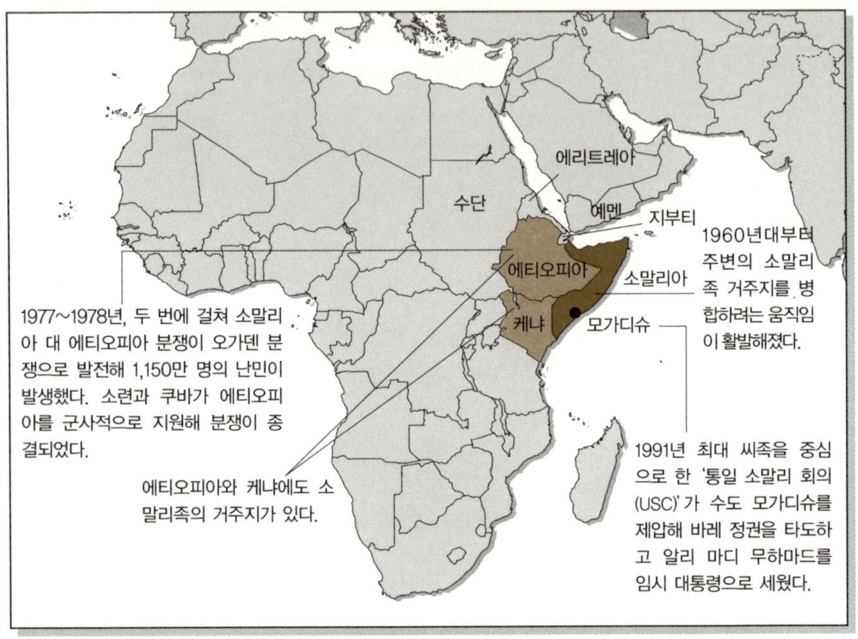

영국, 프랑스, 이탈리아에 의해 분단된 소말리족 거주지

소말리족의 민족운동 '판 소말리즘' 인도양에 면한 아프리카 동부의 '아프리카의 뿔' 소말리아 반도는 소말리족이 거주하는 '소말릴란드'였다. 그러나 1880년대 영국, 프랑스, 이탈리아가 이 땅에 진출해 영국이 동북부, 이탈리아가 남부, 프랑스가 홍해에서 인도양으로 나가는 출구에 해당하는 지역(현재의 지부티 공화국)을 각각 식민지화했다.

또한 인접 국가인 에티오피아도 소말리아로 진출하여 오가덴 지방을 손에 넣었다. 소말리족의 거주지는 이렇게 분단되었다.

1950년대 들어 소말리족의 민족주의운동 '판 소말리즘(대소말리아주의)'이 고양되고 독립의 기운이 높아져갔다. 1960년 먼저 영국령이었던 동북부가, 이어 이탈리아령이었던 남부가 차례로 독립하여 곧 합병했다. 신생 소말리아 공화국(1969년에 현재 명칭으로 개칭)은 이렇게 탄생했다.

에티오피아의 승리로 좌절 독립 후에도 판 소말리즘은 점점 더 고양되어갔다. 소말리족 거주지인 프랑스령 소말릴란드(1977년 지부티 공화국으로 독립)와 에티오피아령 오가덴 지방, 영국 보호령 케냐(1963년 케냐 공화국으로 독립)를 손에 넣는 것이 그 목적이었다.

특히 에티오피아령 오가덴을 둘러싼 분쟁은 대규모로 확대되었다. 오가덴 지방의 소말리족이 서소말리아 해방전선(WSLF)을 결성, 에티오피아 국내에서 1960년대 전반에 두 번의 내전이 발발했다. 이 내전은 1977년부터 다음해에 걸쳐 소말리아와 에티오피아 간의 분쟁으로 발전해 150만 명의 난민이 발생했다. 그러나 오가덴 분쟁은 소련과 쿠바가 군사 지원한 에티오피아의 승리로 종결되었다. 판 소말리즘은 이렇게 좌절을 겪었다.

소말리아 공화국은 단일민족국가인가?

대립하는 부족, 씨족, 소씨족 | 소말리아 공화국은 아프리카에서는 보기 드문 단일민족국가로 알려져 있다. 그러나 실제로 소말리아는 하비야, 다로드, 이샤크, 디르, 디길, 라한빈의 여섯 개 씨족(부족)으로 구성되어 있다. 씨족 아래에는 또 몇 개의 소씨족이 있다.

판 소말리즘이 실패로 끝나자 1980년대 말부터 공동의 목표를 잃은 이들 씨족간의 대립이 표출되어 소말리아 공화국 내에서 내전이 빈발하게 되었다.

오가덴 분쟁에서 중심이 되었던 다로드 씨족(내 마레한 소씨족) 출신의 바레 정권이 독재정치를 계속하자 최대 씨족인 하비야 씨족을 중심으로 하는 통일 소말리 회의(USC), 이샤크 씨족을 중심으로 하는 소말리 민족운동(SNM), 오가덴 지방의 다로드 씨족을 중심으로 하는 소말리 애국운동(SPM)에 의한 반정부운동이 활발해졌다. 1991년에는 USC가 수도 모가디슈를 제압, 바레 정권을 타도하고 알리 마디 무하마드를 임시 대통령으로 세웠다. 그러나 같은 세력 내의 아이디드 파가 반발하여 무하마드 파와 대립하고, 아이디드 파 아래의 알리하트 파가 항구와 공항을 장악하여 임시정부의 영향력은 수도 내로 제한된다.

한편 북부에서는 1991년 5월 SNM이 '소말릴란드 공화국'의 독립을 선언하고, 추방된 바레 구정권파도 소말리 국민전선(SNF)를 결성하는 등 소말리아 전체가 내전 상태에 빠졌다.

십 년 만에 임시정부가 발족 1992년 12월 유엔은 유엔 소말리아 활동(OSOM)으로서 미군을 중심으로 하는 다국적군을 파병했으며, 1993년에도 유엔 OSOM2가 활동을 전개했다. 그러나 두 번 모두 아이디드 파의 저항에 부딪혀 주력군이던 미군 내에서 사상자가 속출했다. 유엔 안전보장이사회는 1994년 유엔 OSOM2의 완전 철수를 결의했다.

1995년에는 모든 외국 부대가 소말리아에서 철수했다. 소말리아 PKO는 부대 파견 이래 130명 이상의 요원이 희생되었다. 소말리아에서의 실패는 유엔의 PKO 활동에 대한 회의론에 박차를 가했다. 1997년에는 무하마드 파, 아이디드 파, 알리하트 파가 이집트 카이로에서 평화협정에 조인했으나, 분쟁은 줄어들지 않았다.

그후에도 주변 국가들이 만든 조정기관, 정부간 개발기구(IGAD)에 의한 협의가 계속되었다. 2000년 5월에는 지부티에서 평화회의가 개최되어 8월 임시의회가 발족했으며 의회는 임시정부의 대통령으로 압델카심 살라드 하산을 선출했다. 1991년 바레 정권 붕괴 후 약 십 년 만에 정부가 발족한 것이다. 그러나 유력 씨족인 아이디드 파와 하트 파, 독립과 자치를 선언한 소말릴란드, 푼트란드 등은 임시정부를 인정하지 않고 있다.

부족간 국경과 자원 문제가 얽힌 아프리카의 분쟁

1885년 베를린 회의에서 열강 각국이 채택한 식민지 정책에 의해 1890년까지 아프리카 전 국토의 약 90%가 식민화되었다. 식민화는 기존의 국가와 공동체를 분해하고 서로 다른 지역과 민족을 무리하게 통합했고 현재까지 이어지는 아프리카 분쟁의 씨앗이 되었다.

2000년 12월에 평화 합의가 성립된 것이 에티오피아-에리트레아 국경 분쟁이다. 이탈리아의 식민지 지배하에 있던 에리트레아는 유엔의 결정으로 1952년 에티오피아와 연방을 형성했는데, 1962년 에티오피아가 에리트레아를 강제로 병합했다. 에리트레아가 1993년에 독립한 후에도 에티오피아와 에리트레아는 국경선을 둘러싸고 이 년간 무력충돌을 계속했다.

반정부 세력이 자원을 지배하고 금전적 이익을 얻어 분쟁이 장기화된 경우도 있다. 앙골라가 그런 경우이다. 앙골라는 1975년 독립한 이후 정부군과 반정부 세력의 내전이 계속되어 2002년에 정전 합의 서명이 이루어졌다. 정전이 지속된 것은 다이아몬드 광맥의 지배와 이권이 얽혀 있기 때문이었다. 시에라리온에서 1997년 정권을 탈취한 반정부 세력도 다이아몬드 산출 지역을 지배하고 있었다.

타국 정부와 반정부 세력이 얽힌 경우도 있다. 콩고 민주공화국에서 르완다의 투치족과 후투족의 싸움이 벌어진 것이 그 경우이다. 1998년 콩고 내에서 발생한 분쟁에서는 르완다와 우간다가 반정부 세력을 지원하고 앙골라, 짐바브웨, 나미비아 등이 정권 측을 지원했다.

이렇게 아프리카의 분쟁은 부족간의 갈등, 국경을 둘러싼 갈등, 자원 이권 다툼 등 여러 가지 원인이 얽혀 복잡한 양상을 띠고 있다.

6장

남북아메리카 지역의 분쟁

쿠바 문제

탈냉전 이후에도 남아 있는 '동서 대립' 구조

》쿠바 VS. 미국 《

1956년 카스트로와 게바라 등 80여 명이 망명지 멕시코에서 잠입, **산악 게릴라전**을 전개

1959년 미국 괴뢰정권의 바티스타 대통령이 국외로 도주하여 **쿠바 혁명 성공**. 신정권이 미국계 자산을 전면 접수하면서 미국이 **국교 단절과 경제 봉쇄 조치**를 취함

1962년 카스트로 정권과 소련의 관계가 깊어지면서 미국 본토를 사정거리 내에 두는 소련제 미사일을 배치하여 **미소 핵전쟁 위기(쿠바 위기)**가 발생. 소련의 미사일 철수로 위기 해소

1996년 영공을 침범한 미국의 민항기 두 대를 쿠바 공군기가 격추. 대화 무드에서 다시 긴장 상태로 전환

1997년 수도 아바나에서 **연속 폭탄 테러 발생**. 미국 정부가 쿠바를 '테러 지원국'으로 비난

2001년 9월 11일, 카스트로 의장이 "혁명 이후 테러 위험을 겪어왔던 국민으로서 희생자들을 추도함과 아울러 테러에 반대하며, 테러는 전쟁이라는 수단으로는 해결할 수 없다"는 내용으로 텔레비전 연설

2002년 1월 쿠바 동부의 관타나모 미군기지(쿠바로부터 무기한 임대)에 아프가니스탄 등지에서 체포한 5백 명 이상의 **알카에다 병사가 이송되어 수용됨**

미국의 권위주의에 대항하는 쿠바

미국의 식민지 쿠바에 혁명이 일어나다

콜럼버스가 '발견'한 섬 쿠바는 1492년 대항해 시대에 콜럼버스가 제1항해에서 상륙한 카리브 해 최대의 섬으로, 플로리다 반도의 끝에서 150킬로미터밖에 떨어져 있지 않다. 1511년 스페인령이 되었고 원주민이 혹사와 역병으로 멸절된 후 아프리카에서 많은 흑인 노예가 잡혀왔다. 1898년 이후에는 스페인-미국 전쟁에서 미국이 승리한 뒤 1902년에 독립을 이루었으나, 실질적으로는 미국의 식민지 상태가 계속되었다.

미국에게 쿠바는 국방상의 중요 거점이자 고품질의 사탕, 담배, 럼주의 생산지로서도 매우 중요하다. 또한 쿠바의 니켈 매장량은 세계의 약 50%를 차지하고 있다. 그러나 1956년 혁명 이전에는 주민의 90%가 빈곤층이었으며 해방운동은 미국의 괴뢰정부에 의해 탄압받고 있었다. 현재 인구는 1천1백만 명이 넘고, 그중 약 2백 만 명이 수도 아바나에 살고 있다.

쿠바 혁명과 미국의 대항조치 1956년 피델 카스트로, 체 게바라 등이 망명지 멕시코에서 쿠바로 잠입해 산악 게릴라전을 전개, 쿠바 혁명을 성공시켰다.

카스트로 신정권은 민족 주권과 빈곤 해소를 주창하고 그 일환으로

농지개혁을 위해 농업기업의 토지를 접수한 것을 시작으로 미국계 자산을 전면적으로 접수해나갔다. 미국은 이에 격분하여 국교를 단절하고 경제 봉쇄를 발동했으며, 1962년에는 전면 금수 조치를 실시했다.

또한 미국 중앙정보국(CIA)은 산악 지역에 숨어 있는 반군에게 무기, 식량 등을 공수 지원하고 1961년 반혁명군 대부대를 침공시켰다. 결국 미국 측의 실패로 끝나고 말았지만, 이것이 이른바 '피그스만 사건'이다.

세계를 깜짝 놀라게 한 쿠바 위기, 계속되는 대립

핵전쟁 발발의 위기 | 미국의 압력에 위기감을 품고 있던 카스트로 정권은 소련과 급속도로 가까워졌다.

1962년 쿠바가 미국 본토를 사정거리 내에 두는 소련제 미사일을 배치하자 미국 정부도 임전 체제를 취해 사태는 미소가 핵미사일의 버튼을 누르기 직전까지 진전되었다. 이것이 이른바 쿠바 위기이다. 소련이 미사일을 철수함으로써 일단 위기는 피할 수 있었다.

쿠바 위기 이후, 냉전 시대와 탈냉전 시대를 지나면서도 미국과 쿠바는 단절 상태가 교착되어 대치관계를 유지해왔다.

1996년에는 쿠바 영공을 침범한 미국 민항기 두 대를 쿠바 공군이

격추하는 사건이 발생, 미국이 대항조치로서 '대 쿠바 경제제재 강화
법'(헤룸즈 버튼 법)을 발효시킴으로써 일시적으로 형성된 대화 무드
가 급변, 다시 위기감이 높아졌다.

이는 쿠바 혁명으로 접수된 미국의 자산을 제3국 기업이 활용할 경
우 해당 기업에 대한 미국 국내에서의 손해배상 청구권을 인정하는
것으로, EU, 캐나다 등이 격렬하게 반발한 법이었다.

1997년 수도 아바나에서 연속 폭탄 테러가 일어나자 쿠바 정부는
쿠바계 미국인의 범행으로 비난한 반면, 미국 정부는 쿠바를 '테러
지원국'으로 비난했다.

카스트로 의장의 융화책 : 2000년 밀레니엄 정상회담에 참석한 카스
트로 의장과 당시 클린턴 대통령이 뉴욕의 유엔 본부에서 악수를 하
고 인사를 나눈 것이 뉴스가 되었다. 쿠바 혁명 이후 각국 정상의 만
남은 처음이었다.

1998년 쿠바 정부의 초대로 교황 요한 바오로 2세의 역사적인 쿠바
방문이 실현되었다. 카스트로 의장은 혁명 이후 처음으로 '종교와의
우호적인 관계'를 다지는 데 성공했다. 이 영향으로 유엔 인원위원회
에서의 쿠바 비난을 부결시키고 과테말라와 도미니카와의 국교를 회
복하고 미국의 경제 봉쇄 일부를 완화하는 등의 파급효과가 생겼다.

2001년의 9·11 테러 당시 카스트로 의장은 혁명 이후 계속해서 테
러 위험을 겪어왔던 국민으로서 희생자들을 추도함과 아울러 테러에

반대해 비인간적이고 야만적인 테러 행위는 전 인류의 이름으로 규탄받아야 마땅하다"고 연설했다.

2002년 1월, 미군은 쿠바 동부에 있는 관타나모 미군기지(쿠바로부터 무기한 임대)에 아프가니스탄에서 체포한 알카에다 병사를 이송, 수용했다. 카스트로 정권은 의료 지원과 함께 알카에다 병사가 기지 외부로 도주할 경우 구속하여 미국 측에 인도하는 등 대미 협조 자세를 선명히 하고 있다.

미국으로의 망명 미국의 플로리다 반도 마이애미에는 1백만 명 또는 150만 명으로 알려진 쿠바인이 살고 있다. 혁명을 피해 출국한 제1세대는 부유층이 많았다. 그들은 풍부한 자금과 정치력을 바탕으로 카스트로 정권을 공격했다. 미국 정부도 출국자가 많을수록 카스트로 정권을 약화시키는 데 유효하다고 판단하여 '정치적 망명자'로 대접하고 무조건적으로 의식주를 보장하고 시민권을 부여했다.

그러나 미국의 경제 봉쇄의 영향 등으로 점차 출국 목적이 경제적 빈곤에 의한 것으로 변해갔다. 그 때문에 1994년 미국 정부는 밀입국자를 송환하기로 쿠바와 합의했다. 그럼에도 불구하고 자유와 풍요로운 생활을 찾아 생명의 위기를 감수하면서까지 조그만 뗏목으로 미국으로 밀입국하는 사람들의 수는 줄어들지 않고 있다.

카스트로 의장의 후계자

지금까지 혁명 후 쿠바의 지주였던 카스트로 의장이 2001년 6월 아바나 교외에서의 연설에서 비틀거리는 모습을 보이는 등 건강 악화설이 부상하고 있다.

후계자로는 혁명 이후 함께 활동했고 현재 이인자의 위치에 있는 다섯 살 어린 동생 라울 카스트로 국방장관이 거론되고 있다. 그는 1986년의 공산당대회에서 지명된 후 몇 번의 동의를 거쳤다. 그는 조직의 쇄신도 함께 노리고 있다. 후계자 문제는 앞으로 쿠바 정세 변화의 큰 요인이라고 할 수 있다.

엘리안 사건

1999년 11월 사건 발생부터 2000년 6월 어느 정도 해결에 이르기까지 쿠바 전역을 떠들썩하게 만들고, 카스트로 의장이 직접 관여하기까지 한 사건이 있었다.

사건은 쿠바를 떠난 소형선이 마이애미 앞바다에서 전복된 것으로부터 시작되었다. 구조된 여섯 살 소년 엘리안 곤잘레스는 망명자 조직에 인도되었으나 소년의 어머니와 계부는 사망했다. 쿠바에 살고 있는 친부와 마이애미에 살고 있는 친척 사이에서 엘리안의 보호권을 둘러싸고 실랑이가 계속되었다. 마침내 미국 이민국의 무장요원이 마이애미의 친척집에서 소년을 강제로 데리고 나와 사법부의 손에 맡기는 사태에까지 이르렀다.

엘리안이 사법부의 판결에 따라 미국에서 7개월 만에 쿠바로 귀국하게 되기까지 쿠바에서는 매주 수만 명 규모의 시위가 벌어졌다. 한편 마이애미의 리틀 아바나에서도 엘리안의 송환을 반대하는 시위가 계속되었다.

밀항자 문제를 카스트로 정권에 대한 비난의 씨앗으로 삼아왔던 미국 정부로서도 어린 소년이 정치적 흥정의 대상이 된 사태에 대해 예전에 볼 수 없던 냉정한 대응을 했다. 양국 관계 변화는 이미 시작된 것인지도 모른다.

페루 내분

반정부 무장세력과의 싸움을 강요당한 페루 정부

》페루 정부 VS. 반정부 게릴라 조직 《

1980년대 페루 최대의 반정부 무장세력 **센데로 루미노소(빛나는 길)**, **투팍 아마루 혁명운동(MRTA)**의 활동이 활발해짐

1990년대 일본계 페루인 **알베르토 후지모리가 대통령에 취임**. 군부와 관계를 강화하고 강경한 대 게릴라 작전을 추진

1991~1992년 일본의 국제협력사업단(JICA) 직원 살해 사건(1991년), 일본 대사관 앞 폭탄 테러 사건(1992년) 등 일본을 목표로 한 **테러 사건이 빈발**

1996년 12월 **일본 대사관저 습격 및 인질 사건 발생**. 무장세력이 약 4개월간에 걸쳐 일본인을 인질로 잡고 농성

1998년 수도 리마의 시장 선거에서 반정부계 인사 안드라데 시장이
재선에 성공

2000년 후지모리 대통령이 실각하고 일본으로 망명. **톨레도 정권 탄생**

2001년 후지모리 정권의 국가정보국 고문 블라디미로 몬테시노스가
체포되고, **후지모리 전 대통령이 최고재판소에 기소됨**

후지모리 대통령의 구조조정 정책으로 경제 회생

일본계 대통령에 건 기대 인구의 85%를 차지하는 빈곤층의 압도적인 지지와 일본의 경제 지원에 대한 기대를 배경으로 일본계 페루인 알베르토 후지모리가 대통령에 취임한 것이 1990년의 일이었다. 농업경제학자로서 대학에서 강의를 하고 있던 후지모리의 지성과 서민성은 일본에서도 큰 붐을 불러일으켰다.

후지모리의 전임 대통령은 1985년 35세의 나이로 당선된 알란 가르시아였다. 그가 시행한 경기부양책으로 일시적으로는 경제가 활성화되었지만, 수입이 늘고 외화준비고가 감소하면서 국제수지 균형이 무너져 하이퍼 인플레이션*을 초래했다.

'후지 쇼크'로 인플레율 저하

후지모리 대통령은 취임 직후부터 구조 조정 정책을 내놓고 석유 가격의 32배 인상을 시작으로 각종 가격 및 요금 체계의 개정과 가격 자율화 등 대담한 개혁을 시행했다.

이러한 과감한 개혁은 '후지 쇼크'라고 불렸다. 국민의 반발도 크지 않아 대통령 취임 당시에 7,650%에 달했던 인플레율은 1999년에는 3.7%까지 크게 내려갔다.

후지모리 대통령은 또한 국제금융기관과의 관계 정상화를 선언, 수입 품목에 대한 금지 제한 등의 수입 규제와 특례조치를 폐지하고 비관세장벽을 철폐하는 등 무역 자유화에도 노력했다. 나아가 세계은행의 다수 국가간 투자보증기관과 미국의 해외 민간투자회사에도 참가해 외국의 직접투자 자유화를 이루어냈다.

가르시아 전 정권은 대외채무 지불을 수출의 10% 이내로 제한하는 조치를 시행하여 미지불 채무를 누적시켜왔다. 이 때문에 국제통화기금(IMF)은 1986년 페루를 융자 부적격 국가로 선언했다.

페루는 세계은행이 1987년에, 미주개발은행(IDB)이 1998년에 신규융자를 정지하는 등 국제금융계에서 신뢰를 잃어갔지만, 후지모리 정권의 대외금융정책에 의해 국제금융기관과의 관계도 정상화되었다.

---

*hyper-inflation, 초(超)인플레이션이라고도 하며, 경제의 생산능력이 한계에 도달해서 신용창조에 의한 유효수요 증가가 물가를 누적적으로 등귀시켜 화폐에 대한 사회적 신임이 붕괴되어가는 상태를 말한다.

테러를 격발시킨 후지모리 대통령의 강경정책

연이은 테러 가르시아 정권하에서는 하이퍼 인플레이션에 의한 불경기로 국민들 사이에 정부에 대한 불만이 팽배해 있었다. 그것이 격렬한 좌익 테러를 불러일으켰다고도 할 수 있다. 후지모리 대통령은 곧 이 좌익 게릴라 대책에 착수해, 반테러리즘 법을 제정하고 반정부 세력에 대한 강경책을 내놓았다. 그 결과 불법적인 마약 거래가 줄어들고 치안이 회복되어갔다. 그러나 한편으로 이러한 대 게릴라 정책은 대통령과 군의 관계를 긴밀하게 해 첩보활동을 강화하는 것으로 이어졌다.

또한 후지모리 대통령의 강경책은 도시 노동자들과 반정부 좌익 게릴라의 반발을 불러일으켜 테러 활동이 빈번하게 되었다.

1991년에는 모택동주의를 주창하는 반정부 테러조직 '센데로 루미노소(빛나는 길)'가 일본의 국제협력사업단(JICA)에서 파견된 농업기술자 세 명을 살해하는 사건이 일어났다. 1996년에는 '투팍 아마루 혁명운동(MRTA)' 소속 열네 명의 무장집단이 천황 탄생일 축하 파티중이던 일본 대사관저를 습격해 약 4개월 동안 인질을 잡고 농성했다.

센데로 루미노소와 투팍 아마루 혁명운동 센데로 루미노소는 1970

년경 안데스 고지 남부의 아야쿠초 주를 거점으로 창설되어 1980년부터 무력투쟁을 시작했다. 지방의 혁명분자와 코카 생산 농가 등을 끌어들여 세력을 키워나갔으나 1992년 최고지도자인 아비마엘 구스만이 체포되면서 세력이 크게 줄어들었다. 무차별 테러를 자주 일으키는 것으로 알려져 있으며, 현재 3, 4백 명의 조직원들이 있는 것으로 알려져 있다.

한편 조직원이 50명 정도인 투팍 아마루 혁명운동은 쿠바 사회주의 혁명을 목표로 한 반정부 조직으로 1983년 과격파 대학생들에 의해 결성되었다. 두 조직 모두 몸값을 노린 유괴나 코카인 밀수를 통해 활동자금을 얻고 있는 것으로 알려져 콜롬비아의 코카인 카르텔과의 관계도 사람들의 입에 오르내리고 있다.

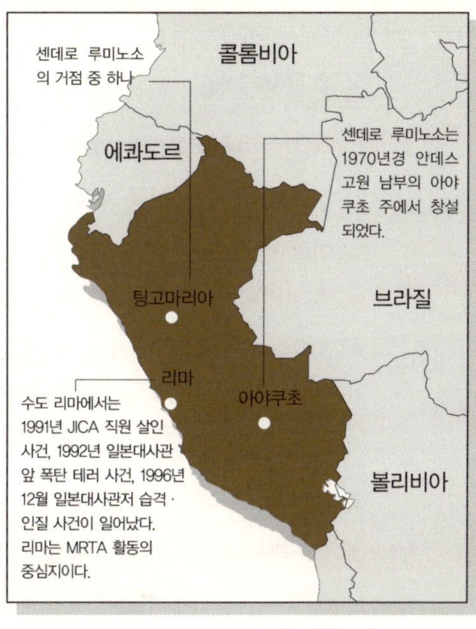

후지모리 대통령의 공과와 일본과의 관계

국경 문제 해결 후지모리 대통령은 두 가지의 국경 문제를 해결했다. 첫번째는 에콰도르와의 국경 문제이다. 19세기 식민지 시대부터 행정구역의 변경을 둘러싸고 벌어졌던 이 문제는 1941년의 분쟁 발발 이후 해결되지 않은 채로 있었다. 1998년 후지모리 대통령은 에콰도르의 마우아드 대통령과의 직접 교섭에 나서 같은 해 10월 26일 브라질리아에서 평화조약에 조인했다.

다른 하나는 역시 19세기 이래의 국경 분쟁이었던 칠레의 항구도시 아리카 문제였다. 아리카 지역에서 페루의 자유통행권 및 시설관리권에 관한 '1929년 조약'에 대해 양국간 합의가 이루어지지 않은 채로 70년간 현안으로 남아 있던 이 문제는 1999년 11월 13일 '1929년 조약'을 실시한다는 내용이 칠레와 합의되어 자유교역이 가능하게 되었다.

일본인을 노린 테러 후지모리 대통령은 일본과의 관계 강화에 노력했다. 일본은 후지모리가 대통령에 당선된 후부터 신정권에 농업 원조 등 약 1천3백만 달러를 공여했다. ODA* 금액도 1991년도 선진국의 대 페루 지원 전체의 59%, 1992년도 41%를 점해 일본이 최대였다. 총액은 1991년 이후 5년간 약 1천6백억 엔에 달했다.

그러나 일본을 포함한 외국으로
부터의 대 페루 ODA의 대부분은
'유상자금협력'이라 불리는 대부
형식이었다. 후지모리 정권하의 페
루는 부채를 갚아나가면서 선진국
으로부터 융자를 받아왔던 것이다.
그 때문에 페루의 경제 상황은 악
화되고, 후지모리 정권에 대한 테
러 조직의 반발이 격화되어 주된
지원국이었던 일본은 계속하여 테
러의 표적이 되었다.

일본 대사관저 점거 사건 당시의 후지모리

정치 불안과 후지모리의 미래

범죄인이 된 후지모리 정권이 장기화됨에 따라 정권 내부에서의 부

* official development assistant, 공적개발원조. 선진국의 정부기관에 의한 개발도상국
또는 국제기관에의 원조를 말한다. 금리가 높은 민간원조보다 좋은 조건이기 때문에 받는
쪽에서 환영하고 증여나 차관, 기술원조 등의 형태를 취한다.

패도 심각해졌다. 후지모리 대통령은 2000년 11월 일본 체류중에 사임을 표명하고 일본에 계속 머무르고 있다.

국제사면위원회(앰네스티 인터내셔널)는 후지모리 정권과 군부의 유착, 군부가 저지른 비인도적 범죄와의 관련을 밝히고 그의 페루 송환을 요구하고 있다. 현재 후지모리 정권의 수뇌부 중 한 사람이었던 국가정보국 고문 블라디미로 몬테시노스는 체포되어 인권 침해, 독직, 돈세탁 등의 죄로 고발된 상태이다. 후지모리 또한 독재에 대한 비판과 함께 뇌물 수수, 공금 횡령 등의 죄상으로 소추를 받고 있다. 후지모리의 일본 체재를 용인하는 일본 정부에 대한 페루 정부의 비판 목소리도 높아지고 있다.

차기 대통령 선거에 의욕을 나타내는 후지모리 한편 전 정권의 강권 정치 변혁, 경제 재생의 기대를 받으며 취임한 톨레도 대통령도 눈에 띄는 성과를 거두지 못한 채 곤경에 처해 있다. 여론조사에서 톨레도 대통령의 지지율이 13%로 추락하고 후지모리의 정치활동에 대한 지지율이 30%로 나타나는 등 일부 국민 사이에서 후지모리 대망론이 나타나고 있다.

2002년 7월 후지모리는 체재중인 일본에서 신문 인터뷰를 통해 2006년 대통령 선거에 강한 의욕을 표명했다. 그는 시민 학살 등의 내용에 대한 혐의를 일체 부인하고 톨레도 정권을 비판하며 "귀국하여 출마하고 싶다. 나에게는 빈곤층과 경제계의 지지가 있다"고 말했다.

　콜롬비아는 40년 동안이나 계속해서 사회 불안에 시달리고 있다. 좌익 게릴라 조직의 테러 활동이 그 원인이다. 콜롬비아 혁명군(FARC), 민족해방군(ELN), 모택동주의의 해방인민군(EPL) 등의 좌익계 반정부 조직과 극우 무장조직 콜롬비아 연합자위군(AUC) 등이 국내에서 지배권을 다투고 있다. 가장 큰 조직은 1964년에 결성된 농민 중심의 FARC로, 웹사이트와 라디오 방송국을 가지고 있어 '하이테크 게릴라'로 불린다. 활동 자금원은 마약과 유괴, 부유층으로부터 강제로 거두어들이는 '평화를 위한 세금'의 세 가지이다. 활동자금의 5할을 점하는 마약 사업에서는 국내 마약조직과 밀접한 관계를 맺고 있다.

　1998년에 취임한 파스트라나 대통령은 군과 치안당국을 철수시키고 '긴장 완화 지역'을 설정하여 1999년에 평화교섭을 개시했다. 또한 마약, 빈곤대책을 포함한 대규모 국가계획 '플랜 콜롬비아'를 내놓았다. 2001년에는 '인도적 포로 교환 합의'에 기초해 FARC가 군인과 경찰을, 정부 측에서는 복역 중인 FARC 조직원을 석방하는 등 진전을 보였다. 그러나 그후 FARC가 군 기지를 공격하고 육군, 공군이 대규모 게릴라 공격을 실행했으며, 일본인 유괴 사건도 이어졌다. 2002년 파스트라나 대통령은 평화협상 중지를 발표했다.

　2002년 5월 대통령 선거에서 당선된 우리베 대통령은 내전 종결을 위한 자금 확보를 목표로 세금 인상을 결정했고, 9월에는 미국 부시 정권이 좌익 게릴라 대책으로 약 4억 달러의 군사 지원을 약속했다. 그러나 테러 활동은 지금도 계속되고 있다. 좌익 게릴라 조직과 콜롬비아 정부의 평화 과정은 현재 진행형이다.

| 참고 문헌 |

다테야마 료지(立山良司), 『이스라엘과 팔레스타인(イスラエルとパレスチナ)』, 中公新書

미야타 오사무(宮田律), 『이슬람 파워(イスラム・パワー)』, 講談社

미야타 오사무(宮田律), 『이슬람 과격파를 어떻게 볼 것인가(「イスラム過激派」をどう見るか)』, 岩派書店

미야타 오사무(宮田律), 『지금, 왜 전쟁인가(いま, なぜ「戦争」なのか)』, 新潮社

사카이 게이코(酒井啓子), 『이라크와 미국(イラクとアメリカ)』, 岩派書店

마이니치 신문사 외신부 편(毎日新聞社外信部編), 『개정판 · 세계의 분쟁을 잘 알 수 있는 책(改訂版 図説 世界の紛争がよくわかる本)』, 東京書籍

카르멘 R. 알폰소 에르난데스(Carmen R. Alfonso Hernández), 『쿠바 가이드 conozca Cuba:Trinidad』, Jose Marti Pub House

가모 유조(加茂雄三) 편, 『쿠바 혁명―기록 현대사 11(キューバ革命 ― ドキュメント現代史11)』, 平凡社

이다카 히로아키(伊高浩昭), 『쿠바 변모(キューバ変貌)』, 三省堂

나카가와 기요시(中川喜與志), 『쿠르드인과 쿠르디스탄―거절당한 민족(クルド人とクルディスタン ― 拒絶される民族)』, 南方新社

가와카미 요이치(川上洋一), 『쿠르드인·또하나의 중동문제(クルド人もうひとつの中東問題)』, 集英社新書

펠레티(Pelletier), 『쿠르드 민족(クルド民族)』, 亞紀書房

국제정보조사회(國際情報調査會), 『국제정세가 보이는 '세계의 분쟁'을 읽는 키워드 사전(國際情勢が見えてくる『世界の紛争』を讀むキーワード事典)』, PHP研究所

미쓰하시 히로오(三橋廣夫), 『이것으로 알 수 있다 한국·북한 역사 Q&A(これならわかる韓國·朝鮮の歷史Q&A)』, 大月書店

로버트 케네디(Robert Kennedy), 『쿠바 미사일 위기 13일의 기록 *Thirteen Days: A Memoir of the Cuban Missile Crisis*』, w.w.Norton & Company

에두아르도 델 리우스, 『신판·리우스의 팔레스타인 문제 입문(新版 リウスの パレスチナ問題入門)』, 第三書館

이치카와 히로시(市川裕) 외, 『도해·세계의 종교분쟁(圖說 世界の宗教紛爭)』, 學習研究社

시바 노부히로(柴宜弘), 『도해·발칸의 역사(圖說 バルカンの歷史)』, 河出書房新社

샤 세키(謝世輝), 『슈퍼 세계사(スーパー世界史)』, 講談社

롬 인터내셔널(ロム·インターナショナル), 『세계의 분쟁을 한눈에 알 수 있는 책(世界の紛爭がひと目でわかる本)』, 河出書房新社

니혼게이자이신문사(日本經濟新聞社) 編, 『세계분쟁지도(世界の紛爭地圖)』, 日本經濟新聞社

고토 아키라(古藤晃), 『세계분쟁 핸드북(世界の『紛爭』ハンドブック)』, 硏究社

다카기 도루(高木徹), 『전쟁광고대행사(戰爭廣告代理店)』, 講談社(정대형

옮김, 수희재, 2003)

달라이 라마(Dalai-Lama), 『달라이 라마 자서전 *Freedom in Exile*』,
　Harper Sanfrancisco(심재룡 옮김, 정신세계사, 2003)

아하메드 라시드(Ahmed Rashid), 『탈레반:중앙아시아의 무장 이슬람, 석
　유 그리고 근본주의*Taliban:Militant Islam, Oil and Fundamentalism*
　in Central Asia』

앨런 프리드먼(Alan Friedman), 『누가 사담을 키웠나(だれがサダムを育て
　たか)』, NHK出版

마이클 그리핀(Michael Griffin), 『누가 탈레반을 키웠나*Reaping the*
　Whirl wind:The Taliban Movement in Afganistan』,Pluto Press

페마 걀포(Pema Gyalpo), 『티베트 입문(チベット入門)』, 日中出版

다테야마 료지(立山良司), 『중동평화의 행방(中東平和の行方)』, 中公新書

아오키 이치노(青木一能), 『국제정세를 손에 잡힐 듯 알 수 있는 책(手にと
　るように國際情勢がわかる本)』, かんき出版

후쿠오카 행정감수(福岡行政監修), 『21세기 세계 민족분쟁(21世紀 世界の民
　族紛爭』, 主婦と生活社

가토 마사히코(加藤雅彦), 『발칸 유고 비극의 심층(バルカン ユーゴ悲劇の
　深層)』, 日本經齊新聞社

히로카와 류이치(廣河隆一), 『팔레스타인(パレスチナ)』, 岩波書店

요제프 보단스키(Yossef Bodansky), 『빈 라덴:미국에 전쟁을 선언하다
　Bin Laden:The Man Who Declared War on America』, Prima Lifestyle

네나드 스테파노프(Nenad Stefanov)·미하일 베르츠(Michael Werz),

『보스니아 전쟁과 유럽 *Bosnien und Europa. Die Ethnisierung Der Gesellschaft*』, Fischer

다카사키 미치히로(高崎通浩), 『민족대립의 세계지도 아시아/중동편(民族代立の世界地圖 アジア/中東編)』, 中央公論新社

다카사키 미치히로(高崎通浩), 『민족대립의 세계지도·유럽/북남미/아프리카 편(民族代立の世界地圖歐洲/北南米/アフリカ編)』, 中央公論新社

시바 노부히로(柴宜弘), 『유고슬라비아 현대사(ユーゴスラビア現代史)』, 岩波書店

다테야마 료지(立山良司), 『흔들리는 유대인 국가(搖れるユダヤ人國家)』, 文春新書

기무라 아키오(木村明生), 『러시아 동시대사(ロシア同時代史)』, 朝日新聞

사나다 겐지(眞田健次), 『알기 쉽다! 국제분쟁 (2002년~)(わかりすぎ! 國際紛爭 (2002年~))』, なあぷる

아사히 신문(朝日新聞)

요미우리 신문(讀賣新聞)

마이니치 신문(每日新聞)

외무성 홈페이지 http://www.mofa.go.jp/mofaj/

UN 홈페이지 http://www.unic.or.jp/

국제협력사업단 홈페이지 http://www.jica.org.cn/jp/

앰네스티 인터내셔널 일본지부 http://www.amnesty.or.jp/

텔레비전이나 신문에서 분쟁 지역의 뉴스를 접할 때마다 막막해질 때가 많다. 지금 그곳에서 벌어지고 있는 일이 실감나지 않기 때문일 것이다. 한편 전쟁의 참화와 학살의 현장을 고발하는 사진들에서는 왠지 모를 불편함이 느껴진다. 이 막막함과 불편함이, 먼 나라의 분쟁을 대하는 일반적인 태도일 것이다.

그러나 조금만 더 생각해보면 전 세계의 모든 사람들이 어떤 형태로든 분쟁에 직접적으로 노출되어 있다고 해도 과언이 아닌 것 같다. 이라크에 주둔하고 있는 미군, 팔레스타인 난민촌의 난민들, 체첸 공화국의 무장세력들 등 분쟁에 직접적으로 개입되어 있는 사람들만이 아니라, 무력 충돌의 가능성을 지니고 있는 많은 지역들, 잠재적인 전쟁 혹은 테러에 대한 공포를 지속적으로 강조하고 있는 국가의 국민들 역시 마찬가지다. 특히 지난 9·11 테러 이후 미국은 일반 시민이 무차별 테러의 대상이 되었음을 과장되게 강조하면서 세계적인 반테러 분위기를 조성하고 이를 외교적으로 활용해왔다. 이런 점에서 분쟁은 지금의 세계 질서를 지탱하는 불가결한 조건이 아닐까 싶은 생각마저 든다.

그렇다면 지금 세계 여러 지역의 분쟁에 대한 구체적인 지식을 갖는 것은 지적 호기심의 문제가 아니라 상식이자 윤리의 문제이다. 전쟁과 학살과 폭력에 반대한다고 할 때 그것은 현재 일어나고 있는 구체적인 바로 그 전쟁과 학살과 폭력에 대한 것이어야 하지 않을까.

그러나 전 세계 분쟁 지역의 역사적 종교적 민족적 문화적 배경을 하나하나 깊이 있게 이해하는 것은 여간 힘든 일이 아니다. 특별한 관심이나 노력을 기울이지 않으면 매일같이 쏟아져 나오는 국제 뉴스를 따라가는 것만으로도 힘에 부치는 것이 사실이다.

이 책은 세계 여러 지역에서 벌어지고 있는 분쟁의 배경과 원인, 사태의 경과와 중요한 사건들을 간결한 지도와 함께 일목요연하게 정리하고 있어 국제 분쟁에 대한 개략적인 상을 얻는 데 큰 도움이 된다. 가끔씩 일본의 관점에서 기술된 대목도 있지만, 남북한 문제까지 포함해 해설보다는 사실을 위주로 정리한 것은 이 책의 큰 미덕으로 꼽을 만하다. 분쟁이라는 국제적 관계에서 중요한 것은 대의명분이 아닐뿐더러, 인도주의적 관점 이전에 필요한 것 역시 명확한 사실 관계일 것이기 때문이다.

원서가 나온 이후에 전개된 이라크 전쟁을 비롯한 몇 가지 변화된 상황은 힘이 닿는 대로 추가했다. 하지만 이 책에서 그린 분쟁의 기본적인 구도와 분쟁을 둘러싼 세력 관계에는 커다란 변화가 없다. 여전히 세계는 미국의 군사적 헤게모니에 불안하게 휘둘리고 있으며 분쟁의 불씨가 된 역사적인 사실은 엄존한다. 이 책을 계기로 여러 분쟁 지역에 대해 더 많은 관심을 가질 수 있었으면 좋겠다.

2004년 2월 이상술

옮긴이 **이상술**

서울대 심리학과를 졸업하고 출판사에서 일하며 번역 일을 하고 있다. 옮긴 책으로
고미 타로 놀이책 『잡아 봐!』『음악은 왜 인간을 행복하게 하는가?』 등이 있다.

한눈에 보는 세계분쟁지도

1판 1쇄　　2004년　6월　5일
1판 13쇄　　2021년 10월 25일

지은이　　　마스다 다카유키
옮긴이　　　이상술
펴낸이　　　김정순
펴낸곳　　　(주)북하우스 퍼블리셔스
출판등록　　1997년 9월 23일 제406−2003−055호

주소　　　　04043 서울시 마포구 양화로 12길 16−9(서교동 북앤빌딩)
전자우편　　henamu@hotmail.com
홈페이지　　www.bookhouse.co.kr
전화번호　　02−3144−3123
팩스　　　　02−3144−3121

ISBN　89−89799−30−9　03900

해나무는 (주)북하우스 퍼블리셔스의 과학·인문 브랜드입니다.